特色课程建设丛书

丛书主编　杨四耕

吴晓旭◎主编

学校课程发展的实践范式

华东师范大学出版社

·上海·

图书在版编目(CIP)数据

学校课程发展的实践范式/吴晓旭主编. —上海:华东师范大学出版社,2020

(特色课程建设丛书)

ISBN 978-7-5760-0717-6

Ⅰ.①学…　Ⅱ.①吴…　Ⅲ.①小学－课程建设－教学研究　Ⅳ.①G622.3

中国版本图书馆 CIP 数据核字(2020)第 211187 号

特色课程建设丛书

学校课程发展的实践范式

丛书主编　杨四耕
主　　编　吴晓旭
责任编辑　刘　佳
项目编辑　林青荻
特约审读　邹春燕
责任校对　黄　燕　时东明
装帧设计　卢晓红

出版发行　华东师范大学出版社
社　　址　上海市中山北路 3663 号　邮编 200062
网　　址　www.ecnupress.com.cn
电　　话　021-60821666　行政传真 021-62572105
客服电话　021-62865537　门市(邮购)电话 021-62869887
地　　址　上海市中山北路 3663 号华东师范大学校内先锋路口
网　　店　http://hdsdcbs.tmall.com

印 刷 者　苏州工业园区美柯乐制版印务有限责任公司
开　　本　787×1092　16 开
印　　张　15
字　　数　214 千字
版　　次　2020 年 12 月第 1 版
印　　次　2021 年 12 月第 2 次
书　　号　ISBN 978-7-5760-0717-6
定　　价　46.00 元

出 版 人　王　焰

(如发现本版图书有印订质量问题,请寄回本社客服中心调换或电话 021-62865537 联系)

编委会

顾　问

邱兆平

主　编

吴晓旭

副主编

周红梅　罗　敏

执行副主编

刘振雄

成　员

彭颖颖　王文杰　麦灼平　廖军辉　游彦佳

季冬梅　邓育周　苏新杰　高　珊　李夏莲

邓小冬

丛书总序　走向课程自觉

　　这是一个焦虑的时代,每一个人都忙忙碌碌;这是一个无坐标的时代,很多人都不知身处何方;这是一个看不见路的时代,大家都不知该如何去面对新的情境;这是一个感觉模糊的时代,对很多事我们缺乏了应有的自觉和反思。

　　面对这样一个时代,我们需要有起码的文化自觉。在费孝通先生看来,文化自觉是生活在一定文化历史圈子里的人对其文化有"自知之明",并对其发展历程和未来有充分的认识。换言之,文化自觉就是文化的自我觉醒、自我反省和自我创建。

　　要提升学校课程品质,实现立德树人根本任务,文化自觉是不可或缺的。在我看来,课程领域的文化自觉就是课程自觉,它是人们基于对课程的理性认识,为着课程品质的提升而有清晰的目标意识和科学的路径观念,自觉参与课程变革实践的理性之思与理性之行。

　　课程自觉是一种有密度的自觉,它不是一个简单概念,而是一种思想、一种行动、一种文化,包含课程自知、课程自在、课程自为、课程自省以及课程自立等基本构成。推进特色课程建设,我们需要怎样的课程自觉呢?

　　1. 清晰的课程自知。课程自知是人们对特定课程情境的自觉理解,对课程理念和愿景的清晰判断,对课程内容和框架的基本认识,对课程实施路径和方位的整体把握。认识课程,认识自我,这不是一件容易的事。对一位校长来说,课程自知意味着对学校课程规划的整体理解,自觉研判学校文化与课程建构的关系、育人目标与课程架构的关系、资源调配与课程实施的关系;对一位教师来说,课程自知意味着对学科课程群建设的自觉思考,自觉跳出"课程即科目""课程即教学内容"等狭隘的课程观,建立与立德树人要求相适应的崭新课程观。

　　2. 透彻的课程自在。萨特说:存在先于本质。他曾将存在分为自在的存在和自为的存在,自在的存在是物体同其本身等同的存在,自为的存在是同意识一起扩展的存在。课程自觉需要深刻理解课程自在的文化,需要完整把握课程自在的处境,需要清晰认识课程变革的制度环境和现实可能,进而意识到哪些是可为的,哪些是不可为的;哪些是必须做的,哪些是可选择的;哪些是自己即可为的,哪些是需要制度支持的。

3. 积极的课程自为。按照萨特的观点,自为的存在是自我规定自己存在的。意识是自为的内在结构,自为的存在就是意识面对自我的在场。对课程变革而言,课程主体按照课程发展规律,通过自身的自觉行为和实践实现课程品质的提升,就是课程自为。课程自为意味着我们对课程自在的不满足,意味着我们开动脑筋思考课程变革的空间,意味着我们通过直面本己的课程实践培育新的课程文化,意味着我们在积极的卷入中推进课程深度变革。

4. 深刻的课程自省。课程自省即课程反思。杜威(1933)曾将反思解释为“思,我所思(thinking about thinking)”,他鼓励专业人士审思每一个专业判断之下的潜在逻辑。课程变革是一种反思性实践,需要对实践进行反思,再将反思带到新的实践中去。反思性实践是一种主动且持续地审视理论、信念和假设的过程,它可以帮助我们在课程实践中更好地理解自我与他人,选择合适的方式应对可能的情境。课程反思是凌驾于思维之上的更高层次的反思。当你站在既定的框架里去检查这些规则的时候,是无法发现这些规则的问题的;如果你可以跳脱出来,不带评判和预设的去分析这些规则,其中的不妥之处就会被你看到。课程反思是一种能力,当你掌握了这项能力的时候,你就像“觉醒”了一样,一样的世界,你却会有不一样的“看法”。这就是哈贝马斯所谓的“沟通理性”概念,提升课程品质特别需要这样一种理性:反省、批判和论证。

5. 持守的课程自立。《礼记·儒行》:“力行以待取。”每一个人只有在自己的行动中,才能发现自己,才能向世界宣布他具有怎样的价值。课程自立是一个人认识到课程变革是自己的事,要有自己的立场、自己的创见,自持自守,不为外力所动,不随波逐流,进而“回到粗糙的地面”(维特根斯坦语),自觉参与到课程变革中来。课程自立本质上是在课程自知、课程自在、课程自为以及课程自省的作用之下,依靠自己的自觉和力量对课程实践有所贡献,并在此过程中逐渐提升自己的课程能力和专业成熟度,确证自己的“课程人”地位,成为“自己的国王”。

当我们有了清晰的课程自知、透彻的课程自在、积极的课程自为、深刻的课程自省以及持守的课程自立的时候,我们便作为"有创见的主体"主动地介入到课程设计、实施、评价与管理的全过程之中了,学校课程深度变革便自然而然地发生了。

费孝通先生说:"文化自觉是一个艰巨的过程。"让课程意识从"睡眠状态""迷失状态"到"自觉状态",也是一个艰难而痛苦的过程。可喜的是,本套丛书的作者秉持课程自觉之精神,聚焦特色课程建设,在课程自知、课程自在、课程自为、课程自省和课程自立方面掘进,迎来了课程变革的新境界!

杨四耕

2020 年 7 月 3 日于上海市教育科学研究院

目　录

第一章　共生语文：在对话中实现精神成长　　/ 1

　　　　语文兼具人文性与工具性,语文课程是一门学习语言文字运用的综合性、实践性课程。文化的传承、语言的运用、视野的开阔、心态的开放、思维的创新,无不和语文学习有密切的关系。"共生语文"遵循母语学习规律,在与文本对话,与生活对话,与自己对话,与伙伴对话中,相互浸润、共生共赢,最终实现精神的成长。

第二章　臻美数学：淬炼儿童的理性与逻辑　/ 33

　　　　马克思说:"一门科学,只有当它成功地运用数学时,才能达到真正完善的地步。"数学是人类文化的重要组成部分,数学素养是现代社会每一个公民应该具备的基本素养。"臻美数学"把激活儿童的思维,淬炼学生的理性与逻辑作为数学教育的根本追求,致力于促进每一个学生活泼地、富有个性地发展,最充分地让每一个生命蓬勃生长。

第三章　动感英语：赋予语言学习以美妙的旋律　/ 55

　　法国文艺复兴后期思想家蒙田说:"语言是一种工具,通过它我们的意愿和思想就得到交流。它是我们灵魂的解释者。"掌握交流工具,形成跨文化意识,促进思维发展是英语学习的需求,更是我们"动感英语"的期望。我们力求通过充满动感的英语课程,让学生获得丰盈的学习体验,形成初步的综合语言运用能力。

第四章　生动科学：在探索中感受科学世界的美妙

苏霍姆林斯基说："在人的心灵深处有一种根深蒂固的需求，就是希望自己是一个发现者、研究者、探索者。而在儿童的精神世界中，这种需求特别强烈。""生动科学"从儿童的生活经验出发，带领儿童以活跃的方式进行科学探索，在科学探索过程中体验生动的科学世界，培养儿童的科学素养。

第五章　雅韵美术：描绘一幅清新朴素的美学画卷

罗丹说："美是到处都有的。对于我们的眼睛，不是缺少美，而是缺少发现。"如果眼睛是心灵的窗户，那么美术就是在这扇窗口展示一幅自然朴素、淡雅清新、经典别致的美学画卷。"雅韵美术"让儿童感受雅韵，欣赏美；徜徉雅韵，品味美；融入雅韵，汲取美；展现雅韵，表达美。"雅韵美术"让儿童在学习的过程中，不仅掌握了美术知识和技能，人也因此变得温文尔雅、揽气于胸。

第六章　唯美音乐：陪伴儿童走进唯美的音乐世界　／ 123

　　《礼记·乐记》中记载："乐者，音之所由生也，其本在人心之感于物也。"意思是说，乐是由声音生成的，它产生的根源在于人心受到外物的感动。音乐是无形的音响艺术，是构成富有动力性结构的情感艺术，是对美的感知和理解，也是审美教育的核心。"唯美音乐"为了每一位儿童的身心发展，从儿童的内心出发，提高儿童感受美、表现美、鉴赏美、创造美的能力，陪伴儿童走进唯美的音乐世界。

第七章　活力体育：激活儿童参与体育运动的热情　／ 139

　　毛泽东指出："体育于吾人占第一之位置。体育之效，至于强筋骨，因而增知识，因而调感情，因而强意志。体育者，人类自养生之道，是身体平均发达，而有规则次序之可言者也。德志皆寄予体，无体是无德志也。文明其精神，野蛮其体魄。"鼓励儿童走向操场、走到阳光下，激发儿童参与运动的兴趣，培养体育运动能力，养成终身体育锻炼习惯，让儿童摆脱被动参与体育学习的状态，是"活力体育"的目标。"我阳光，我健康"，只有让体育变得丰富多彩，才能让儿童的运动兴趣转变成习惯。

第八章　积极心育：挖掘每一个孩子的生命潜能　/ 159

周恩来说过：任何新生事物在开始时都不过是一株幼苗，一切新生事物之可贵，就因为在这新生的幼苗中，有无限的活力在成长，成长为巨人，成长为力量。积极是人类固有的一种本性，每个人都有自身潜在的自我内心冲突，也有潜在的自我完善能力。但这并不意味着这种积极力量在任何情况下都能自发地表现出来，就像农民播下一粒种子，没有后天的其他条件，它就无法顺利成长。心育就是要挖掘每一个孩子的心理潜能，帮助孩子实现自我成长。在教授知识的同时，我们更重视学生的心理发展，培养儿童积极的心理力量。

第九章　立体技术：让儿童全方位体验信息技术的魅力

"信息，是人类传承文明，把握未来的载体"。信息技术时代，人们的学习不再囿于教室和课本，而是可以随时随地，全方位、多角度地进行，进而呈现立体的信息技术。"信息技术是 21 世纪的第一生产力"。信息技术课程是以培养孩子的信息技术科学素养为己任，让孩子了解和掌握信息技术知识和技能的同时，体验信息技术的魅力，点燃他们的创新精神和实践能力。

第十章　美好课堂：让儿童学会过美好生活

"法安天下，德润人心。"优秀的道德品质与良好的法治意识，是健全人格的根基，是公民素质的核心。小学道德与法治教育坚持以立德树人为核心，以社会主义核心价值观为导向，引导儿童学会过美好生活。人类需要道德，社会需要法治，归根结底是为了让生活更美好。因此，道德与法治学科课程承载着与人的独特价值和社会的伟大使命，对培养少年儿童优良的道德品质和法治素养具有积极意义。

前言　学校课程变革与内涵发展

优雅的东湖公园,山清水秀,生机盎然。当你走上水库大坝,你会被眼前的水惊羡:水库的水真绿啊,绿得仿佛像一块绿绸;水库的水真宽啊,宽得让你望不到边;水库的水真清啊,清得看得见水里的青苔。湖水迎着蓝天、白云、山峰……水库周遭,绿意盎然,山映着水,水照着山,山间绿树红花,俨然一幅生动的画!

深圳市水库小学历史悠久,文化积淀深厚。原名黎围小学,创建于 1920 年,后改名通福小学,1958 年因深圳水库的建设搬迁至现校址,改名水库小学,1986 年由政府投资改建成现代化学校。1994 年评为罗湖区一级学校,1995 年评为深圳市一级学校,1997 年评为广东省一级学校。学校占地面积为 21 607 平方米,建筑面积15 000平方米。现有 51 个教学班,学生 2 426 人,教职工 142 名。学校先后被评为全国雏鹰大队、全国小公民道德建设先进单位、全国德育实验学校、全国教育科学规划课题先进单位、全国新课程师资培训先进单位、广东省绿色学校、广东省教师培训基地、深圳市健康促进学校(银牌)、深圳市教育先进单位、深圳市文明学校、深圳市国民体质测定先进单位,多次荣获深圳市办学效益奖等。新时代,新机遇,深圳市水库小学师生以"自强不息,精益求精"的校训自勉,努力实践"为了每个孩子的可持续发展"的现代教育理念,推进学校课程深度变革,为把学校办成一所高品质的学校续写新篇章。

一、 学校课程情境

(一) 清晰的价值追求

学校提出"最充分发展学生,最优质服务社会"的办学宗旨,以"自强不息,精益求精"为校训,以"关爱诚信勤勉创新"为校风,以"敬业求真开拓增优"为教风,以"勤学善思全面发展"为学风,学校坚持不断创新的发展策略,努力打造"绿色水库"、"艺术水库"、"科研水库"、"载德水库"、"信息水库"的品牌。学校积极探索发展特色的新路子,全面实施以环保教育为突破口、以可持续发展为核心的"科学"和"人文"相融合的"绿色教育",探索并形成了"以绿导管,以绿育德,以绿兴研,以绿促学"的独特模式,全面促进学校、教师、学生的可持续发展,形成了鲜明的"绿色教育"特色。学校全面实施素质教育,其中"体验式德育"、"艺术教育"、"阅读教育"、"现代小学数学"和"双语教学"五大亮点享誉全市、全省。

(二) 良好的教育设施

学校布局合理,环境优美。校园里规划有生物园、小花园、后花园,绿树成荫,鲜花盛开;壁画、雕塑、橱窗等文化气息浓郁;篮球场、足球场、快乐体育园地、200 米环形塑胶跑道和 1 000 平方米的室内运动馆等活动健身场室齐全;2000 年建立了校园网络系统以及绿色学校、心理健康、艺术教育等专题教育网站,教室和功能室都配齐多媒体电教平台。

(三) 奋进的教师团队

学校重视抓好校本培训和名师工程的建设,以"师德高尚,业务精良"为目标促进教师专业化发展。现有 142 名教职工中,有中学高级教师 11 人、小学高级教师 81 人,省、市优秀教师和市、区学科带头人、骨干教师 50 多人;教师学历达标,研究生 12 人,本科 116 人,大专 14 人。师生共获得各级奖励 1 500 多项次,其中国家级 500 多项次。教师有 100 多篇科研论文在各级各类杂志上发表。

(四) 丰富的课程积累

我校积极开展"体验实践,服务社会"系列活动,积累了大批的校本课程,形成了学校的课程特色。如我校自主研发出校本课程读本《水库探源》,这套校本教材的开发既可以作为补充教材,又能让学生系统地了解活动目的,掌握活动要领。校本教材以实践活动为载体,以服务办学特色为目的,集情景、体验、实践、评价四位一体,呈现出浓郁的儿童文化。

二、 学校课程哲学

我校有自己独特的办学理念:让每一个生命蓬勃生长。但长期以来,我们的教育普遍缺乏生命感。在教育领域里,生命缺席了,灵魂消失了。我们的课堂寻觅不到生命的欢呼和雀跃,看不到生命的气息和光华。教育本是生动的事业。每一个生命都是迷宫,没有一种生长像生命成长那样复杂多变难以琢磨,没有一种活动像教育那样充满了智慧与挑战。丰富生命之意义,让人性丰富起来、生动起来,让生命富有人的意蕴是教育的神圣使命。由此,我们提出我们的办学宗旨:让精神生长,让灵魂发育,让生命蓬勃,让人生出彩。

我们也确定了自己的课程理念:在这里,与世界活泼泼地相遇。课程意在为生命成长注入蓬勃的力量,我们期望,每一个孩子向着活泼泼的生命状态迈进。

课程即生命场域。课程是生活的延伸和拓展,而"我们的实际生活,就是我们的全部课程;我们的课程,就是我们的实际生活。"这是陶行知先生在长期教育实践中,对于课程资源的全新思考。陶先生的"课程资源观"给了我们灵感,这需要我们在设计课程时,要善于利用身边的条件,让孩子在"做中学,在学中做"。基于学生的生活实际来开发,这样才能贴近学生、激起学生的兴趣,生活无时不变,即生活无时不含有教育的意义。

课程即丰富经历。课程是一个有计划地安排学生学习机会的过程,作为课程,不仅仅让学生掌握相关知识,更重要的是在学生积极体验和充分感悟的过程中,丰富学生的内心世界,在经历中收获正确的价值观。课程本就是一种动态的过程,是生成性的,而不是一成不变的。课程能让学生在探究和体验中经历学习,课程关注的是学习者学习过程和方法而非学习结果。

课程即个性张扬。尊重孩子就要尊重孩子的个体差异,尊重孩子自己的发展水平。课程是带给孩子幸福的礼物,是给孩子发展提供的机会,因此,需要我们精心建设学校课程,整合国家课程、地方课程、校本课程,不断提升实施质量,努力为不同的学生提供尽可能多的选择性课程,让丰富多彩的课程满足不同孩子的学习需求,尽我所能的去为她们梦想的实现提供帮助,课程浇灌,让每个孩子在花期到临时,努力绽放自己。

课程即美好生活。杜威"教育即生活"、陶行知"生活即教育"的主张,都向我们阐明教育与生活是密切联系、互相融通的。在教育生活中,重要的是要有回归生活世界的意识与人文关怀,使学生的生活变得丰富,让学生的生命得到自然展现。我们的课程"要解放孩子的头脑、双手、脚、空间、时间,使他们充分得到自由的生活,从自由的生活中得到真正的教育"。我们所实施的课程就是"还原孩子生活的本来面目",既源于生活,寓于生活,又用于生活,服务于生活,不断丰富和积累孩子的生活经验,注重日常生活环境、动手实践环境、探究创造环境的创设,加强学校生活、家庭生活和社会生活的联系,促进每个孩子身体、心理、品德和谐发展。

每一个孩子都是一朵小浪花。让儿童在丰富的课程中遇到最活泼的自己,这就是我校课程变革的追求,我们也由此确定学校课程模式:"小浪花课程"。

三、 学校课程目标

我校致力环境幽美,生机益然的学校;特色鲜明,生气勃勃的学校;学生活泼,生龙活虎的学校;教师智慧,生动活泼的学校;质量优异,生色蓬勃的学校。我们努力使学校成为一所生机勃勃、气象万千的学校。我校的育人目标是培育培养"活泼泼、明晃晃、水灵灵、亮堂堂"的儿童。育人目标是通过课程目标去达成的。因此,我们把育人目标进行细化,并结合学生年龄差异,划分为低中高三个阶梯的课程目标(见表1)。

表1 深圳市水库小学"小浪花课程"目标

育人目标＼课程目标	低年级的具体表现	中年级的具体表现	高年级的具体表现
亮堂堂：有自信，明是非，懂礼貌	1. 能遵守学校纪律。 2. 讲文明懂礼貌。 3. 主动亲近同伴。 4. 愿意与老师、家长分享自己的真实想法。 5. 与同学友好相处。 6. 乐于帮助他人。	1. 愿意倾听、会与他人分享；乐于表达、理解他人；有责任心。 2. 学会谦让。 3. 会和他人沟通。 4. 能与他人友好合作。	1. 能明辨是非。 2. 能站在他人立场理解问题。 3. 善交朋友，孝敬父母。 4. 会感恩、能包容、善纳新、敢担当，具有积极向上的人生态度。 5. 胸怀理想，不断追求。
水灵灵：宽视野，思维活，有灵气	1. 热爱学习，掌握低年段文化课程标准规定的要求。 2. 养成良好的学习习惯。喜欢阅读并能与他人简单的交流。 3. 课堂上能主动思考，发言积极。 4. 能通过看看、画画、做做等方法大胆、自由地进行简单组合和装饰。	1. 热爱学习，掌握中年级文化课程标准规定的要求。 2. 有良好的学习习惯。有自己的兴趣与爱好，能合理安排学习时间。 3. 会做读书笔记。 4. 可以通过语言、画画、做做等方法表现所见所闻、所感所想的事物。	1. 热爱学习，掌握高年级文化课程标准规定的要求。 2. 有浓厚的学习兴趣，学习习惯良好。能制定自己的学习计划。 3. 能熟练的将所学知识运用于实践，能说善辩，会自己探究感兴趣的问题。 4. 坚持阅读，有自己的观点并能清楚地表达。
明晃晃：眼睛亮，精力足，身心健	1. 积极参与体育活动，初步掌握简单的技术动作。 2. 通过广播操、舞蹈等多种身体练习，形成学生正确的身体姿势。 3. 感受到体育活动给自己的生活带来的乐趣。 4. 会玩1—2项体育类游戏活动。	1. 形成参与运动的兴趣和爱好，形成坚持锻炼的习惯。 2. 形成健康的生活方式，发扬体育精神，形成积极进取、乐观开朗的生活态度。 3. 基本掌握1—2项运动技能。	1. 能积极参加体育活动，保持愉快的心情，性格开朗大方，动作更协调。 2. 形成灵敏、力量、耐力、协调等身体素质，通过国家体质健康测试。 3. 掌握2—3项体育运动技能，并成为特长项目。
活泼泼：好阅读，爱学习，喜探究	1. 自己的事情自己做，衣物用品和学习用具自己整理。 2. 学会1项自己以前不会的劳动技能。 3. 能初步感受、欣赏、生活、自然、艺术和科学中的美。 4. 积极参加学校的各项艺术活动。	1. 有一个为集体服务的小岗位。 2. 尽自己的能力在岗位上为集体、为他人服务。有集体荣誉感，积极参加班级的各项劳动。 3. 能感受、欣赏、珍惜生活、自然、艺术和科学中的美。 4. 有一个艺术爱好，对艺术学习有兴趣。	1. 尊重别人的劳动果实，树立劳动光荣的意识。 2. 能积极参加公益劳动。 3. 学会3项以前不会的劳动技能。 4. 分享为集体、为他人服务的快乐。 5. 能主动地去学习1—2种艺术形式并能向同学、老师展示其成果。

四、 学校课程框架

立足前期课程改革成果,学校着力建设"小浪花课程"体系,重点关注学校整体课程与特色课程的有机融合,重点关注国家课程的校本化实施和特色课程建设,逐步构建起各类课程协调发展的高质量、有特色、可选择的学校课程体系。

我校的课程主要包含美德坊课程、语萃林课程、科创坊课程、智慧谷课程、艺术泉课程、健美峰课程等六类。除了基础课程之外,我们将上述六大类拓展课程落实到六个年级(12 个学期),建构学校课程体系(见表 2)。

表 2 深圳市水库小学课程设置表

类别／年级	美德坊课程	语萃林课程	科创坊课程	智慧谷课程	健美峰课程	艺术泉课程
一年级	品质生活	与经典同行	神奇的植物	创意七巧板	篮球社	手撕纸造型
	社会公德	儿歌、童谣每日一诵	动物朋友	数字巧记	羽毛球小将	我喜欢的线条
	生活常识知多点	阅读节,享乐于书	奇妙测量	我的城堡	乒乓球小将	百灵鸟的声音
	学习技巧我知道	亲子读经班	液体的奥秘	分类小能手	棋逢对手	乐器的世界
	人与自然	趣味拼读(Phonics Fun)	仰望星空	趣味比较	中华武术	粉墨戏剧
	校园礼仪	乐唱歌曲(Beautiful Songs)	植物拼画	我的校园	小武神跆拳道	音乐形体
		英语文化节	动物模型	拼图小达人		科幻画欣赏
二年级	品质生活	与经典同行	植物乐园	重复奥秘	篮球社	手撕纸拉花
	社会公德	故事会	我们的身体	身体奥秘	羽毛球小将	我喜欢的色彩
	生活常识知多点	阅读节,享乐于书	神奇的纸	跳蚤市场	乒乓球小将	百灵鸟的声音
	学习技巧我知道	小小戏剧社	磁铁的奥秘	班级评选	棋逢对手	乐器的世界

类别\年级	美德坊课程	语萃林课程	科创坊课程	智慧谷课程	健美峰课程	艺术泉课程
	绿色小卫士	趣味拼读（Phonics Fun）	小小气象员（一）	边边角角	中华武术	粉墨戏剧
	家庭礼仪	乐唱歌曲（Beautiful Songs）	帽子的创作	数字世界	小武神跆拳道	音乐形体
		英语文化节	小小指南针			科幻画欣赏
三年级	品质生活	与经典同行	植物园的植物	超市数学	篮球社	剪纸艺术
	社会公德	古诗词大赛	蚕宝宝的一生	八戒的难题	羽毛球小将	我梦想的图形
	生活常识知多点	阅读节,享乐于书	凤仙花盆栽	照片谜语	乒乓球小将	百灵鸟的声音
	学习技巧我知道	小主持人社团	空气趣味实验	剪纸大师	棋逢对手	乐器的世界
	传统节日	趣味拼读（Phonics Fun）	物质趣味实验	小小设计师	中华武术	粉墨戏剧
	爱的教育	乐唱歌曲（Beautiful Songs）	太阳的变化	菜单搭配	小武神跆拳道	音乐形体
		英语文化节	神奇的云	我要开店啦	棒球社	科幻画欣赏
四年级	品质生活	与经典同行	食物旅行	玩转·巧算	篮球社	卡纸手工
	社会公德	新闻播报	食物小知识	滑梯设计师	羽毛球小将	我梦想的图形组合
	生活常识知多点	阅读节,享乐于书	溶解的奥秘	小小编码师	乒乓球小将	百灵鸟的声音
	学习技巧我知道	美文朗诵社团	电路研究	小小绘图师	棋逢对手	乐器的世界
	禁毒志愿者	悦读时间（Reading Time）	科技小发明	密铺世界	中华武术	粉墨戏剧
	安全教育志愿者	电影世界（Movie World）	小小气象员（二）	一起来抽奖	小武神跆拳道	音乐形体
	文明好少年	英语文化节	岩石的奥秘	蒜苗实验	棒球社	科幻画欣赏
			奇妙的3D打印		射箭馆	

类别\年级	美德坊课程	语萃林课程	科创坊课程	智慧谷课程	健美峰课程	艺术泉课程
五年级	品质生活	与经典同行	种子发芽	汇率知多少	篮球社	衍纸手工
	社会公德	你我评时事	神奇多肉植物	分数世界	羽毛球小将	我梦想的场景
	生活常识知多点	阅读节,享乐于书	光和影	对称之美	乒乓球小将	百灵鸟的声音
	学习技巧我知道	绿韵文学社	摆的研究	包装师学问	棋逢对手	乐器的世界
	传统节日	悦读时间(Reading Time)	土地侵蚀的奥秘	小小策划师	中华武术	粉墨戏剧
	民族英雄	英语小剧场(English Theatre)	VR宇宙世界	立体世界	小武神跆拳道	音乐形体
	自控力	英语文化节	智能无线电	老马识"图"	棒球社	科幻画欣赏
	美丽中国		机器人编程	规则我来定	射箭馆	
			种子发芽		篮球社	
六年级	品质生活	与经典同行	深圳珍贵生物	玩转·数独	篮球社	纸雕工艺
	社会公德	辩论赛	显微世界	小小航海员	羽毛球小将	我梦想的故事
	生活常识知多点	阅读节,享乐于书	神奇电磁铁	"圆"来如此	乒乓球小将	百灵鸟的声音
	学习技巧我知道	绿韵文学社	铁生锈	校园足球赛	棋逢对手	乐器的世界
	理想交流会	乐读报刊(Newspaper Time)	小小气象员(三)	我说你画	中华武术	粉墨戏剧
	感恩的教育	英语小剧场(English Theatre)	月相变化	年级评选	小武神跆拳道	音乐形体
	舌尖上的中国	英语文化节	创意纸牌塔	社会调查	棒球社	科幻画欣赏
	我的深圳		垃圾分类		射箭馆	

五、 学校课程实施

学校将通过建构"生动课堂",推进学科基础课程的有效实施;建设"生动学科",推进学科拓展课程的全面落实;创设"生动社团",推进兴趣爱好课程的全面落实;创设"生动节日",推进节庆文化课程的全面落实;建设"生动空间",推进创客教育课程的全面落实;聚焦"生动文化",推进学校课程的深度落实;推行"生动之旅",推进研学旅行课程的积极开发等途径,全面推进学校课程建设。特别值得一提的是我校的学科课程群建设,学科拓展课程的开发与整合是我校课程改革最重要亮丽的方面。

(一)"生动学科"的建设路径

根据学校各学科师资力量,倡导教师在国家课程校本化实施的基础上总结经验,以某门学科为原点,设计基于某门学科特色"1＋X"课程群。"1"是教师所教授的国家基础性课程,"X"是指教师根据国家课程开展的拓展性课程,是基础性课程的延伸。根据学校教师特长,我校拟在语文、数学、英语、科学、美术、音乐、体育、信息技术、心理与道德与法制等学科中先行探索1＋X课程建设,拟开发以下课程(见表3):

表3　深圳市水库小学"生动学科"开发内容

学科理念	系列拓展课程				
共生语文 1＋X课程	主题阅读	节日与文化	戏剧	书法与楹联	古诗吟诵
臻美数学 1＋X课程	身边的统计学	少儿数学	图形世界	趣味数字 万花筒	编程与数学
动感英语 1＋X课程	趣味拼读	英语小剧场	美食与文化	趣味配音	我最喜爱的 绘本
生动科学 1＋X课程	神奇的大自然	奇妙物理世界	VR宇宙世界	小小科学家	机器人编程

学科理念	系列拓展课程				
雅韵美术 1+X课程	千变万化的 手撕纸	剪纸艺术	纸雕世界	衍纸手工	梦想科幻画
唯美音乐 1+X课程	百灵鸟的声音	音乐形体	乐器的世界	音乐文化之旅	粉墨戏剧
活力体育 1+X课程	足球系列课程	趣味游戏	运动达人秀	体育舞蹈	跟着喜欢的 运动员去旅行
积极心育 1+X课程	绘说心理	家校沙龙	心理进社区	情绪管理	人际交往
立体技术 1+X课程	基础软件入门	办公软件应用	编程入门	3D打印入门	机器人大作战
美好课堂 1+X课程	我身边的生活	校园礼仪知多少	社会礼仪知多少	人与自然	传统节日

(二)"生动学科"的评价标准

课程群建设通过建立评估体系来保障其有效实施,应具有以下几项标准(见表4):

表4 深圳市水库小学"生动学科"课程评价细则

A级指标	B级指标	评估标准	评估方式	权重	得分
课程 哲学	课程哲学	课程哲学与学校教育哲学相一致。	查看课程方案	10%	
	课程理念	课程理念彰显学科课程特色,特色鲜明。		10%	
课程 目标	课程总目标	总目标指向清晰,高于学科课程标准,与核心素养相对应。	查看课程方案	10%	
	分年级目标	年级目标与学生年龄特点相符合,设定科学、可行,具有层次性。	查看学科课程方案、学科课程纲要	10%	
课程 内容	整体设置	课程内容丰富,整体设置具有逻辑性,有梯度,有难度。与课程目标相一致,暗含课程目标,内容与学生生活实际相结合。	查看学科课程纲要	10%	
	教材资源	教材准备充分,适合学生学习,资源丰盈,形式多样。	查看学科教材	5%	

A级指标	B级指标	评估标准	评估方式	权重	得分
课程实施	课时安排	课时安排合理,有一定的科学性。	查看学科教材	5%	
	课堂教学	课程实施方法得当,措施有力,充分体现学生的主体地位,有利于学生兴趣的激发。 组织有序,指导学生运用探究、合作等方法。	入班观课"生动课堂"评价表评价	20%	
	教学效果	学生在课程中知识技能明显提高,学生喜爱程度高。		10%	
课程评价		评价内容具体,措施方法得当,权重明确	入班观课查看学科课程纲要及学生学业评价档案	10%	

　　"小浪花课程"的构建与落实,需要自上而下的整体规划,也需要自下而上的实践创新,需要在课程管理方面提供充分的保障。为此,学校建立学校课程委员会,为课程建设与实施保驾护航。其一,成立品质课程领导小组,由教育行政、专业力量、课程专家等组成,负责课程的开发、管理、实施等各项工作,各方联动,密切配合,共同助力"小浪花课程"的建设与实施。其二,成立主题课程统整小组、校园文化建设小组、特色学科建设小组等,以项目成果为导向,对学校课程建设进行项目化管理,让每一位教师都能深度参与课程建设。

　　学校课程理念的落实,对课程资源的专业性及广阔性提出了更高的要求。为丰富课程内容,学校通过对学校、家长、社区等校内外资源的整合,进行通盘的设计和安排,建构学校课程模式,从而增强课程对学校和学生的适应性。其一,空间学习化,通过资源整合,扩展课程的空间,创新课程的载体,学校空间、社区、甚至整个世界都可成为课堂,将课堂更深更广地延伸到生命、生活、生长的范畴之中显得尤为重要。其二,活动立体化。注重搭建课程实施舞台,通过社团活动、校园赛事、校园节日等,实施主题整合,活跃课程的实施,凸显"生动教育"之哲学。其三,挖掘教师的课程潜力,不断提升完善师资力量,逐渐使每位教师成为课程的开发者、主导者。通过学习研修等途径,增强教师课程开发与资源挖掘能力,鼓励教师的大胆创新。

综上所述,课程是给予儿童最好的礼物,教育是心灵的相遇。我们坚信,每天升起的朝阳能带给孩子不一样的生机,每天落下的树叶能带给儿童生命的感动,每天活跃的课程能带给学生不一样的心情,每天都能把学生生长最需要的养料以"生动"之名无私地倾注在他们身上。这是生命对生命的力量,是从儿童心灵深处激发出来的力量,她超越一切琐碎的细节和功利,不可阻挡地勃发出来!

第一章

共生语文： 在对话中实现精神成长

　　语文兼具人文性与工具性，语文课程是一门学习语言文字运用的综合性、实践性课程。文化的传承、语言的运用、视野的开阔、心态的开放、思维的创新，无不和语文学习有密切的关系。"共生语文"遵循母语学习规律，在与文本对话，与生活对话，与自己对话，与伙伴对话中，相互浸润、共生共赢，最终实现精神的成长。

深圳市水库小学语文科组是一个朝气蓬勃、求真务实的集体。现有教师 51 人，其中硕士研究生 7 人，本科学历 40 人，大专学历 4 人；中学高级教师 6 人，小学高级教师 39 人。科组师资结构合理，有深圳市优秀教师、市区学科带头人、市区学科骨干教师 12 人。语文教研组充分发挥团队合力，以《义务教育语文课程标准（2011 年版）》为依据，回归教育原点，回归母语，回归儿童，构建"共生语文"，打造"共生课堂"，在教与学中不断总结经验，拓展交流空间，在区域范围内起到很好的示范、辐射作用。

课程哲学与价值追求　共生语文，滋养精神的语文

一、学科价值观

《义务教育语文课程标准（2011 年版）》指出："语文课程是一门学习语言文字运用的综合性、实践性课程。义务教育阶段的语文课程，应使学生初步学会运用祖国语言文字进行交流沟通，吸收古今中外优秀文化，提高思想文化修养，促进自身精神成长。工具性与人文性的统一，是语文课程的基本特点。"[①]

基于这种认识，我们认为语文课程的核心价值是：实践中学习语言运用，提高学生的语文素养。语言文字作为交流和思维的工具，其本质就是"对话"，学生在语言文字的实践中，与文本、自己、伙伴以及生活不断对话的过程，就是学生生命成长的历程。因此，我们以"母语浸润塑全人"为课程追求，打造"平等共话互进的课堂"为具体平台，激发学生对母语的热爱之情，掌握语言运用能力，塑造良好健全的人格。

---

① 中华人民共和国教育部. 义务教育语文课程标准（2011 年版）[S]. 北京：北京师范大学出版社，2012：1.

二、 学科课程理念

课改进行了将近 20 年,教师的教学理念、课堂教学形式、学生的学习方式均发生了很大的变化,可是改革的成果并不乐观,出现了一些奇怪的现象:如学生阅读量增加了,但写作水平提高不明显;课堂上合作探究的机会多了,但是学生对文章的理解感悟并不深,阅读感悟能力提高也不明显;口语交际课上设计了各种特定情境,但训练流于表面,语文课堂上学生讨论交流时教师指导不到位等问题。深究其因,首先忽视了语文课程是母语课程,语文课程的资源不仅仅是课本,而是无处不在,无时不在的。其次忽视了语文素养之间的相互促进、相互转化的关系。忽视了师生之间、生生之间相互影响、相互激励的关系。

我们寻求语文的本色,遵循语言的学习规律以及儿童年龄、心智特点,结合学校历史、文化以及语文学科实际情况,提出"共生语文"学科课程理念。

"共生"概念由德国生物学家德贝里提出,指生物互利互惠的命运关系。后来作为一种独特的方法论被运用到其他领域。

我们把"共生"这个概念引入到教育领域的语文学科,是因为我们看到了知识点的相互联系以及教与学双主体的相互促进。我们理解的"共生语文"有三个维度:首先是"高度","共生语文"着眼于"人"的发展,包括教师、学生、家长的互惠相长;着眼于人的"可持续"发展,终身发展。其次是"广度","共生语文"内容涵盖识写、阅读、表达、实践,特别是阅读,跨越时代、时空,有古代的蒙学、诗词,有现代的小说、散文,有外国文学、历史等;体裁广,小说、诗歌、科普读物等;题材丰富,文学、历史、数学、体育等均有涉及;阅读主体不仅仅是学生,还包括家长、教师。最后是"深度","共生语文"直指人的精神世界,关系到人的精神成长及世界观、人生观、价值观的形成与建立。

我们觉得"共生"的本质是"互惠""共赢""相长"。具体表现在:

——言意共生。"工具性和人文性统一,是语文课程的基本特点。"[①]语言不是单独存在的,它既是人用来交际的工具,也是一种思维工具。同时,它还承载着一个民族的文化和历史。"字词句篇""听说读写"都不是孤立的存在,它们相辅相成,相生相长。识字写字是基础,为阅读和写作做准备,同时又离不开具体的语境。阅读与写作为识字写字提供了实操的训练场;阅读培养语感,积淀情感,为写作积累素材,写作又是语文素养的集中展现。听读是语言的输入,说写则是语言的输出,听读的质和量直接影响着说写的品质。语文的学习不仅是知识的传授,能力的培养,还要涵养学生的情操,熏陶学生的审美,培养学生的灵性与想象力、创造力,发展学生的个性。另一方面只有充分正确地发展学生的个性,才能更好地读书写作,二者相辅相成。

——主体(单元)共生。共生语文单元包括教学活动主体(师、生)和文本之间的共生。首先是活动主体与文本的共生:教师对教学目标与教学内容的解读,通过教学活动对学生产生多样的教学效果,让学生与文本建立多样的联系;其次是教学活动中各主体之间的共生:生生之间、师生之间互利共生的关系。教师的素养和能力,决定着教学的设计和形式,影响着学生的兴趣和学习效果。学生的反馈又促进教师的反思和成长。学生与学生之间的讨论交流、思维碰撞相互激励着成长。

——环境共生。指共生单元(教师、学生及文本)之外所有因素综合在一起所形成的环境。共生单元互相交流所采用的方式或活动形式形成一个学习的"场",以这个"场"为中心,辐射家庭、社区,环境与环境之间互利共生。如班级语文环境创设、图书馆的布置、好书推荐会、家庭亲子读书会等活动。

——资源共生。共生语文是学校课程资源与校外课程资源共生的课程。教师主要通过课堂向学生传授知识,训练技能。校内的课程资源是有限的,同一教材,同一进度,大班额人数,教师很难做到因材施教,更难以满足学生个性化的成长,学生学习的热情难以激发。校外课程资源的补充,弥补了以上的缺憾。校内习得方法,校外可以

---

① 中华人民共和国教育部. 义务教育语文课程标准(2011 年版)[S]. 北京:北京师范大学出版社,2012:1.

实践运用,形成能力。校外丰富多样的内容,让学生成长之树变得丰盈。

总之,共生语文遵循母语学习的规律,遵循儿童身心发展的特点,在语言实践运用中让学生形成运用语言的能力,塑造学生健全的人格。

课程目标与核心素养　用共生理念丰富学科的内涵

一、 学科课程总体目标

《义务教育语文课程标准(2011 年版)》指出:"语言文字是人类最重要的交际工具和信息载体,是人类文化的重要组成部分。语言文字的运用,包括生活、工作和学习中的听说读写活动以及文字活动,存在于人类社会的各个领域。当今世界,经济全球化趋势日渐增强,现代科学和信息技术迅猛发展,新的交流媒介不断出现,给社会语言生活带来巨大变化,对中华民族优秀传统文化的继承,对语言文字运用的规范带来新的挑战。时代的进步要求人们具有开阔的视野,开放的心态,创新的思维,对人们的语言文字运用能力和文化选择能力提出了更高的要求,给语文教育的发展提出了新的要求,也给语文教育的发展提出了新的课题。"[①]

因此,抓住语文的特点,突出语文的魅力,提高学生的语文素养是语文教育的核心理念和价值追求。基于这一理念,我校开展了"共生语文"的课程体系构建与实践研究,"共生"理念不但把兴趣点放在多领域知识的内容组合上,而且将学习的过程、学习的方法与学习的结果综合起来设计,尤其关注学习方式的转变。此核心理念作为良好的学校、家庭、社区的"共生语文"生态环境建设基础,彰显乐学、善学的校园语文学习文化,架构学校—家庭—社区紧密合作的桥梁,以此促进师生之间的精神共长。

---

① 中华人民共和国教育部. 义务教育语文课程标准(2011 年版)[S]. 北京:北京师范大学出版社,2012:1.

二、 学科课程年段目标

结合"共生语文"课程理念,我们将"母语浸润塑全人"的学科课程目标进行了细化,形成了以单元为单位的课程目标。这里以一年级语文学科课程单元目标为例(见表1-1)。

表1-1 一年级语文学科课程单元目标表

学期	单元主题	教学内容	学习目标
一年级上学期①	1. 我上学了	我是中国人 我是小学生 我爱学语文	1. 初步体会正确地读书、写字姿势和执笔方法。 2. 听读儿歌,感受成为小学生的喜悦,体会家庭生活与幼儿园生活的不同。 3. 认识老师、同学,感受同学间的友爱,参观校园,初步梳理小学生的角色意识。 4. 通过听故事、讲故事,感受语文学习的快乐。 5. 知道中国是我们的祖国,初步了解我国是一个多民族的国家,感受作为中国人的自豪。
	2. 识字	天地人 金木水火土 口耳目 日月水火 对韵歌 快乐读书吧:读书真快乐	1. 认识本单元40个生字,会写17个字和10个笔画。学习谜语诗,认识5个生字。区分3组形近字,了解每组汉字字形的不同。了解汉字"从上到下""先横后竖"的笔顺规则,注意笔画在田字格中的位置。 2. 朗读课文。背诵课文《金木水火土》《对韵歌》《咏鹅》。在大人的帮助下,用听读、唱读的方式学习儿歌《小兔子乖乖》,能正确朗读。培养学生良好的学习习惯,特别是读书和写字的习惯。学习利用已有的生活经验,借助象形字识字、看图识字、对对子识字等多种方法识字。初步了解汉字的文化内涵,产生主动识字的愿望。 3. 大声说,让别人听得见,注意听别人说话。对交流有兴趣,感受交流的快乐。 4. 了解课外阅读的途径,感受课外阅读的快乐。乐于和大家分享课外阅读成果。

① 温儒敏.陈先云.教师教学用书.语文.一年级上册.[Z]北京:人民教育出版社,2016:7.

学期	单元主题	教学内容	学习目标
3. 拼音	a o e i u ü y w b p m f d t n l g k h j q x z c s zh ch sh r		1. 正确认读 a、o 等 6 个单韵母，b、p 等 23 个声母，yi、wu 等 10 个整体认读音节；掌握两拼音节和三拼音节的拼读方法，正确拼读声母和单韵母组成的音节。 2. 认识四线格并正确书写 6 个单韵母、23 个声母。 3. 认识"爸、妈"等 16 个生字，会拼读" bàba mā ma"等 13 个音节词。 4. 借助拼音和教师的示范，朗读《轻轻地》等 5 首儿歌。
4. 拼音	ai ei ui ao ou iu ie üe er an en in un ün ang eng ing ong		1. 正确认读 ai、ei 等 9 个复韵母，an、en 等 5 个前鼻韵母，ang、eng 等 4 个后鼻韵母，ye、yue 等 6 个整体认读音节，掌握两拼音节和三拼音节的拼读方法，正确拼读声母和复韵母组成的音节。 2. 在四线格中正确书写 5 个音节词。 3. 认识"妹、奶"等 16 个生字。会拼读"mèi mei、nǎi nai"等 15 个音节词。 4. 借助拼音和教师的示范，朗读《小白兔》等 5 首儿歌。
5. 自然	秋天 小小的船 江南 四季 口语交际： 我们做朋友		1. 认识 38 个生字、9 个偏旁和 1 个多音字，会写 14 个字和 5 个笔画。 2. 正确朗读课文，读准字音。背诵《小小的船》《江南》《四季》。 3. 仿照例子，积累和拓展带叠词的"的"字短语，仿照课文说说自己喜欢的季节。能向他人做自我介绍，并能引起话题。知道与人交谈时，"看着对方的眼睛"是一种基本的交际原则和交际礼仪。 4. 感受四季之美，激发对大自然的喜爱之情。
6. 识字	画 大小多少 小书包 日月明 升国旗		1. 认识 60 个生字和 10 个偏旁，会写 23 个字和 2 个笔画。 2. 能利用已有的生活经验，借助会意字识字、归类识字、反义词识字等多种方法识字。进一步了解汉字的文化内涵，喜欢学习汉字。 3. 正确朗读课文。背诵《画》《大小多少》《升国旗》。 4. 感受古诗描绘的景色。培养学生爱惜文具的好习惯，懂得团结协作力量大的道理，受到初步的爱国主义教育。

续表

学期	单元主题	教学内容	学习目标
	7. 想象	影子 比尾巴 青蛙写诗 雨点儿 口语交际： 用多大的声音	1. 认识 43 个生字、10 个偏旁和 2 个多音字,会写 17 个字和 3 个笔画。 2. 学习分角色朗读课文,读好人物说话的语气。认识逗号和句号,根据标点读好停顿,初步建立句子的概念。背诵《比尾巴》。 3. 学会用"前、后、左、右"4 个方位词说话,积累一问一答的语言表达,积累由生字拓展的新词。 4. 根据场合,用合适的音量与他人交流。知道根据场合,用合适的音量与人交流是文明、有礼貌的表现。
	8. 儿童生活	昨天要远足 大还是小 项链	1. 认识 33 个生字和 5 个偏旁,会写 11 个字。 2. 正确、流利地朗读课文,初步尝试找出课文中一些明显的信息。 3. 学习"的"字词语的合理搭配。 4. 联系生活实际,理解课文内容,感受儿童丰富多彩的内心世界。
	9. 观察	雪地里的小画家 乌鸦喝水 小蜗牛 口语交际： 小兔运南瓜	1. 认识 39 个生字和 2 个偏旁,会写 16 个字和 1 个笔画。 2. 正确、流利地朗读课文。能找出课文中明显的信息,认识自然段。借助图画,自主阅读不全文注音的课文。 3. 背诵《雪地里的小画家》。与人交流,能大胆说出自己的想法。 4. 通过学习课文,了解一些自然常识,激发学生观察自然、观察生活的兴趣。
一年级下 学期①	1. 识字	春夏秋冬 姓氏歌 小青蛙 猜字谜 口语交际： 听故事,讲故事	1. 认识 44 个生字和 8 个偏旁;会写 28 个字和 1 个笔画。 2. 了解形声字的构字规律,感受形声字音形义之间的联系。利用已有的生活经验及插图、字谜、形声与规律等识字。朗读课文,背诵《姓氏歌》。 3. 能认真听故事,听明白故事内容。能借助图片讲故事,做到声音响亮。 4. 感受大自然四季的美好,培养保护环境的意识,了解传统姓氏文化,激发对中华传统文化的喜爱之情。

---

① 温儒敏. 陈先云. 教师教学用书. 语文. 一年级下册.［Z］北京：人民教育出版社,2017：1.

续表

学期	单元主题	教学内容	学习目标
	2. 愿望	吃水不忘挖井人	1. 认识 50 个生字和 6 个偏旁,读准 1 个多音字,会写 27 个字和 3 个笔画。
		我多想去看看	2. 正确朗读课文,读准字音,能读好带有感叹号的句子。积累词语,鼓励学生能将学到的词语运用于表达中。
		一个接一个	3. 读懂课文,能提取明显信息,乐于和小伙伴交流阅读感受。
		四个太阳	4. 感受儿童的美好愿望,了解革命传统故事,激发对革命领袖的敬爱之情。
	3. 伙伴	小公鸡和小鸭子	1. 认识 33 个生字、3 个偏旁和 4 个多音字,会写 20 个字。
		树和喜鹊	2. 正确、流利地朗读课文,读好"不"的变调。学习联系上下文了解词语意思的方法,知道"孤单、快乐、独自、有劲"等词语的意思,初步体会"偷偷地、飞快地"等词语的用法,积累意思相对的词语和表示游戏活动的词语。
		怎么都快乐	3. 读好对话,读出不同角色说话的语气,朗读儿童诗,初步体会诗歌的情趣,读出自己的感受。
		口语交际:请你帮个忙	4. 懂得自己遇到困难时可以寻求别人的帮助。在不同情境下会使用合适的礼貌用语。能大致讲清楚自己的要求。
	4. 家人	静夜思	1. 认识 46 个生字、4 个偏旁,会写 28 个字。
		夜色	2. 正确流利地朗读课文,读好长句子及问句,注意停顿,读懂句子所表达的意思。
		端午粽	3. 理解"勇敢"等词语的意思,用扩词的方法积累一些常用词语,归类积累"×来×去",尝试说这样的词语。
		彩虹	4. 朗读《静夜思》并背诵积累。
			5. 初步感受端午节的传统文化,体会浓浓的亲情。
	5. 识字	动物儿歌	1. 认识 57 个生字和 1 个偏旁,会写 28 个字。
		古对今	2. 正确、流利地朗读课文,学习用不同的节奏诵读儿歌,对子等不同形式的韵语,背诵《古对今》和《人之初》。继续了解形声字的构字规律,并学习运用这一规律自主识字。会读"蜻蜓展翅、和风细雨"等词语。
		操场上	3. 知道打电话的一般步骤,初步学会独立打电话和接电话。打电话时,能用上礼貌用语,把话说清楚;听电话时,能听清楚主要内容。
		人之初	4. 了解身边小动物的习性和四季气候、景物的变化,保持探索自然的好奇心。
		口语交际:打电话	

学期	单元主题	教学内容	学习目标
6. 夏天		古诗二首	1. 认识本单元 37 个生字和 1 个偏旁，读准 1 个多音字，会写 21 个生字。 2. 能正确朗读课文，读准字音，读好带有"呢、呀、吧"的问句和感叹句。 3. 能运用联系生活、结合图片等方式理解"摇篮、潮湿"等词语的意思，学习"荷叶绿绿的，圆圆的。"这类句子的多样表达，并积累文中的比喻句。 4. 能读出古诗的节奏和儿童诗的韵味，能分角色读好文中的对话，尝试依据课文句式相近、段落反复的结构特点背诵课文，感受夏天的美好。
		荷叶圆圆	
		要下雨了	
7. 习惯		文具的家	1. 认识 51 个生字和 2 个偏旁，会写 27 个生字，掌握半包围结构字的书写笔顺规则。 2. 正确、流利地朗读课文，分角色朗读课文，读好对话。 3. 联系上下文和生活经验理解"平平安安、后悔"等词语的意思，运用组词的方法继续积累词语，会用"掰、扛、扔"等动词说话。借助插图、故事情节反复的特点读懂长课文。 4. 能根据课文信息作简单推断，借助文本情节，了解告知一件事情时，需要说清楚时间、地点等要素。能根据问题提取、整合信息，推断事情的原因、结果。 5. 在活动情境中明白游戏规则。在交际互动中初步学习条理表达。初步养成乐于交往、友善待人的交往意识和行为习惯。
		一分钟	
		动物王国开大会	
		小猴子下山	
		口语交际：一起做游戏	
8. 问号		棉花姑娘	1. 认识 37 个生字和 3 个偏旁，会写 21 个生字，能借助图画、形声字特点、生活经验去猜字、识字，继续巩固掌握半包围结构字的书写笔顺规则。 2. 正确、流利地朗读课文，体验角色读好对话，学习读出祈使句的语气。联系上下文和生活经验理解"可恶、盼望、热闹"等词语的意思，积累"碧绿碧绿的""雪白雪白的"这类结构的短语。 3. 能带着问题边读边思考，继续训练根据信息作简单推断的阅读能力。 4. 借助连环画理解课文内容，说说故事的主要情节。
		咕咚	
		小壁虎借尾巴	

课程框架与目标匹配　满足多元化语文学习需求

一、学科课程结构

依据《义务教育课程标准（2011 版）》的相关要求，结合我校历史文化和学科课程理念。我们以国家课程为基础，在共生识写、共生阅读、共生表达、共生探究四个方面进行课程构建，从而形成"共生语文"课程群。具体表述见图 1－1。

共生识写

共生阅读

共生语文

共生探究

共生表达

图 1－1　"共生语文"课程结构图

（一）共生识写

共生识写包括识字和写字两个模块。识字写字是阅读与写作的基础。识字是写字的基础，掌握字音、字形、字义是把字写正确、写漂亮的前提。通过游戏、儿歌、顺口溜、多媒体演示汉字的演化等多样的方式方法，激发学生识字、写字的兴趣；培养学生的识字写字能力，最终达到独立识写的程度；通过了解汉字的文化让学生感受汉字的音韵美、形体美，激发学生对汉字的热爱，对中国文化的热爱；培养学生联想、类推等能力。具体表述见图 1-2。

图 1-2 共生识写结构图

（二）共生阅读

共生阅读课程体系包含经典诵读、专题阅读、学科阅读、阅读成长记录袋、教师读书会、阅读生态环境六大模块。在这一体系中,经典诵读是阅读之树的根基,为学生的终身学习,为学生的人生观、价值观的初步树立提供养分;专题阅读和学科阅读是阅读之树的枝干,提高学生的阅读兴趣,提升学生的阅读能力及知识接收能力,发展学生的个性特长并推动其在这一过程中树立正确的人生观、价值观;成长记录袋则是滋润这棵阅读之树的阳光和雨露,为学生的阅读活动提供必要的指引和推动力;教师读书会则为教师的成长提供养分。绿色的阅读生态环境激发着学生、老师积极的阅读行为。学生、老师的阅读行为及活动又促进了阅读生态环境的良性发展。从学校、家庭、教师及学生等方面入手,关注校内外阅读教学过程中教师教和学生学的有效整合,关注"立足课堂,超越教材;立足校本,拓展课外;立足家庭,适应社会"的共生阅读体系构建,让学生广泛涉猎人类文化宝库,包括经史子集及各科类图书,而不仅仅局限于文学阅读。孩子可以根据自己的兴趣爱好,构建属于自己的知识体系,培养感受、理解、欣赏和评价的综合能力。培养学生的审美素养、学习素养,塑造学生的人生观、价值观,使学生成为全面发展的人。具体表述见图 1-3。

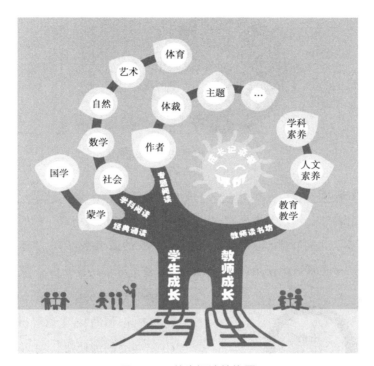

图 1-3　共生阅读结构图

（三）共生表达

共生表达包括口语交际和书面表达两个模块。无论是说还是写都是输出的过程，二者相互促进、转化。口语交际包含诵读儿歌、童谣，讲故事，古诗词大会，你我评说时事，辩论赛，新闻播报等多种形式，以此培养学生倾听、表达和应对的能力，使学生具有文明、和谐、顺畅地进行人际交流的素养。书面表达通过看图编故事、创编童话、书写身边事物、畅想未来世界等贴近学生生活的丰富多彩的内容，激发学生写作的热情；培养学生乐于观察生活，善于观察生活，创意表达生活的能力。让学生乐于表达、善于表达。具体表述见图 1-4。

图1-4　共生表达结构图

(四) 共生探究

共生探究由共生节日、共生之旅、共生社团三个大的模块组成。我们借助书写节、阅读节、童话节等共生节日，开展"绘本剧表演"、"我的阅读格言"、"徽标设计"、"最美家庭阅读角"、"最美班级阅读角"等多样的活动，营造浓郁的语文学习氛围，引导激发学生积极自觉的学习主动性，丰盈校园文化的内涵；借助"亲子读经班"、"绿韵文学社"、"美文朗诵社团"、"小小戏剧社"等丰富的社团活动，促进学生的个性兴趣发展，塑造全面发展的人；借助"共生之旅"校外实践活动，让学生在发现问题、解决问题中学到知识、体验快乐、提高语文素养。共生探究搭建学科融合的桥梁，打通校内与校外的壁垒，培养学生的合作精神、探究能力。具体表述见图1-5。

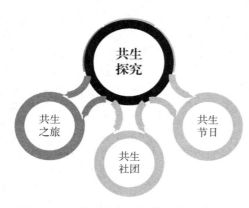

图1-5　共生探究结构图

二、学科课程设置

基于上述课程分类，除了基础课程外，我校一至六年级分学期设置了拓展课程，见表1-2。

表1-2 深圳市水库小学语文课程设置表

年级	学期	共生识写		共生阅读		共生表达			共生探究	
一年级	上	拼读识字	《弟子规》	绘本王国游览	区必读书目 学科阅读书目	儿歌、童谣每日一诵	看图编故事	书写节 阅读节	触摸春天	亲子读经班
	下	规范写字习惯	《弟子规》	绘本王国游览	区必读书目 学科阅读书目	儿歌、童谣每日一诵	看图编故事	童话节	亲吻秋天	亲子读经班
二年级	上	工具书识字	《三字经》	童话森林探寻	区必读书目 学科阅读书目	故事会	创编童话故事	书写节 阅读节	探秘安徒生	小小戏剧社 故事乐
	下	汉字诞生	《千字文》	童话森林探寻	区必读书目 学科阅读书目	故事会	创编童话故事	童话节	寻找王尔德	小小戏剧社 故事乐
三年级	上	归类识字	《增广贤文》	古诗词欣赏	区必读书目 学科阅读书目	古诗词大赛	儿童诗创作	书写节 阅读节	走进东湖公园菊花展	美文朗诵社团 小主持人社团
	下	汉字演化	《增广贤文》	古诗词欣赏	区必读书目 学科阅读书目	古诗词大赛	儿童诗创作	童话节	走进仙湖植物园花卉展	硬笔书法社团

续表

课程\学期		共生识写	共生阅读			共生表达			共生探究	
四年级	上	巧识多音字	《道德经》	动物小说探秘	区必读书目 学科阅读书目	新闻播报	我们班的奇人趣事	书写节 阅读节	缅怀先烈	美文朗诵社团
	下	赏汉字结构美	《道德经》	动物小说探秘	区必读书目 学科阅读书目	新闻播报	我们班的奇人趣事	童话节	走进洪湖公园荷花展	绿韵文学社
五年级	上	慧辨音形	《大学》	随科幻小说畅想未来	区必读书目 学科阅读书目	你我评时事	身边的美景与新鲜事	书写节 阅读节	美术馆美的熏陶	绿韵文学社
	下	告别错别字	《大学》	随科幻小说畅想未来	区必读书目 学科阅读书目	你我评时事	身边的美景与新鲜事	童话节	遇见创客节	毛笔书法社团
六年级	上	汉字故事	《论语》	走进曹文轩的小说世界	区必读书目 学科阅读书目	辩论赛	描摹未来世界	书写节 阅读节	相约运动会	绿韵文学社
	下	品析名家书法	《论语》	走进曹文轩的小说世界	区必读书目 学科阅读书目	辩论赛	描摹未来世界	童话节	博物馆感受历史	毛笔书法社团

课程实施与评价支撑　多维度推进语文学习活动

一、 建构"共生课堂"，提升学科课程品质

立足"共生语文"理念，"共生课堂"从语文教学实际出发，以多元、多维的课堂对话形式贯穿其中。在"共生课堂"中，除了师生、生生之间的双向语言交流，也包含人（师、生）与文本的对话，即师、生对文本的阅读、理解、感悟、批评、反思、重构的过程，还应该包含人（师、生）与生活的对话。要想使课堂教学达到较好的效果，需要教师具备"用生活来教育"的观念，为课堂注入生活的内容和时代的"活水"。教师把社会生活引进课堂教学，引导学生走近生活，充分挖掘学生的学习潜能，拓展学生的学习空间、时间以及学习内容，激发学生在生活中学习、巩固、运用所学知识的兴趣，培养学生在学校生活、家庭生活、社会生活中时时学知识、处处用知识的良好习惯，进而激发培养学生的创新意识和创新能力，发展学生的自主能动性。

（一）"共生课堂"的基本要求

"共生语文"课堂让我们思考如何结合语文学科特点，引领学生走入美好的语文世界，培养学生多元的语文素养，树立社会责任感和培养终身学习的能力。因此，建构"共生课堂"的核心是"共建"、"共鸣"、"共长"。

1. "共生课堂"确立"共建"教学目标。基于"多元智能理论"，我们知道每个人的智能组合方式是不同的，人与人之间是存在客观差异的。教师在教学中如何尊重个性？尊重差异？我们想主要体现在教学目标的"共建"过程中。教师转变课堂教学模式，引入生活实际内容，落实"先学后教"教学理念，学生通过课前学习单、微课等方式的预习，储蓄对话资源，了解学习目标以及自己学习的程度；教师更是提前了解学情，

便于有针对性地、有层次地确立教学目标以及重难点,这一过程体现了学生与教师的学习目标"共建"。

2. "共生课堂"展现"共鸣"学习过程。我们一直秉持着"尊重个性,平等对话;自主实践,整合渗透;丰富积累,培养语感;熏陶感染,和谐发展"的 32 字育人方针,努力为学生营造快乐的学习氛围,努力在课堂形成师生共鸣、生生共鸣、生本共鸣。"共鸣"的学习过程主要体现在以下三个方面:

一是实现"师生共鸣"。教师坚持激励性教学原则,适时引入生活内容,激活对话兴趣,调动其学习的积极性,使其爱学、乐学、会学、善学,乐于师生之间的分享和交流。

二是实现"生生共鸣"。"生生共鸣"的基础在于教师努力创设轻松愉悦的课堂氛围。一方面,教师结合单元主题加以延伸拓展,丰富课堂内容。既兼顾课本内容,又不拘泥于课本,努力在每个课堂 40 分钟逐步提高学生兴趣和能力。另一方面,教师要让课堂萦绕着轻松愉悦的氛围,学生可以有创新性地尝试,也能自由地表述自己的观点和想法,他们充满个性的表达都会得到尊重和掌声。

三是实现"生本共鸣"。"生本共鸣"是学生在文本对话后的自我认识,而自我认识的形成需要学生把握文本的内容,深入体会作者表达的观点和情感。要超越"文本",只有"读进去",才能"想开去"。教师在紧扣教学内容的基础上,重视培养能力,逐步培养学生"生本共鸣"能力,即搜集处理信息的能力、获取新知识的能力、发现问题和处理问题的能力、交流合作的能力。

3. "共生课堂"呈现"共长"学习成果。我们重视引领教师努力遵循语言学习的规律,充实积累,培养语感,熏陶感染,健全人格,和谐发展。通过"共生课堂",师生之间"教学相长",生生之间"平等互助"。除了关注学生知识和技能的获得情况,更关注学生在学习过程中,能否形成大语文的学习能力,要善于发现和挖掘学生的潜质和闪光点,不用单一标准衡量学生,承认差异,尊重差异,用开放的评价机制激发不同层次学生学习语文的兴趣,实现"共长"。

（二）共生课堂评价标准

课堂评价尊重学生的个体差异，反映教学中对每一个学生的重视，对指导教师课堂教学、促进学生发展有重要意义。评价还要体现"共生语文"内涵的认识，但语文教学不是要传授给学生零散的、枯燥的语文知识，而是要在共生课堂学习中形成语文能力。语文课堂的评价还要尊重和发挥形成性评价的反馈、引导、调节等作用。具体表述见表1-3。

表1-3 "共生课堂"评价量表

类别	指标	标准解读	分值	得分
课堂目标	共建	教师具有单元整合观念，以单元语文要素为指导，教学设计能体现单元语文要素阶梯性学习过程。学习目标多元、恰当，并能根据教学实际进行适当的调整。	10	
		教师能正确解读教材，并有一定深度，努力体现言语意识，积累意识。充分利用教材，恰当取舍，体现较高的驾驭能力，实现"回归母语"、"回归儿童"的理念。	10	
		教师能设置课前学习单，把学习目标具体化，用问题引导学生自学，教师凭借学习单掌握学情，有针对性地、有层次地确立教学目标以及重难点。	10	
		教师有课程意识，适时、适度、适量引入课外学习资源，与教材构成有机整体，立足学科素养，创造性使用教材与其他课程资源。	10	
		教学由浅入深，层层深入；环节清晰，课堂容量适当、含量丰富，时间分配合理。	10	
学习过程	共鸣	运用多种教学组织形式，采用多种教学方法，调动学生学习积极性；创设有利于学生自主学习、自主探究的教学情境。	10	
		关注每个学生的学习状态，能做到"说写引领，读写共生"，关注语言积累、习惯培养、知识积淀、能力养成。	10	
		将课堂自主权还给学生，倡导个性化、多样化学习，自主自学，合作探究，多元互动，和谐共生。	10	
		学生主动学习意识强，积极参与课堂活动，参与面广，善于发表自己的意见，互相合作，气氛活跃。	5	

类别	指标	标准解读	分值	得分
评价方式	共长	创造有利于学生个性发展的开放的学习环境,整体教学效果明显,学习结果丰富,有教学特色。	5	
		目标达成度高,学生阅读、理解、表达能力不断提高。	5	
		教师善于引导、鼓励学生质疑。学生在课堂中敢于质疑,并表现出一定的质疑能力。	5	

二、 建设"共生课程",丰富学科课程

创建最美书香校园是我们孜孜不倦的追求。从 2001 年至今,我们从课程改革的思考出发,以课外阅读指导为研究切入点,在专题阅读和经典诵读课程探索与建设中逐步构建了共生阅读课程体系。紧接着,我们以共生阅读课程体系为基础,建设"共生课程",全方位丰富学科课程的内涵。我校"共生课程"的建设路径见图 1-6。

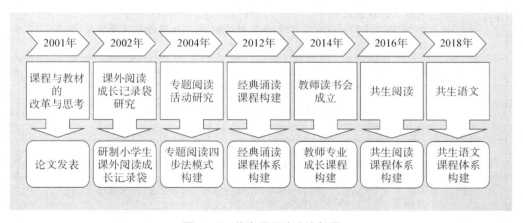

图 1-6 共生课程建设路径图

(一)"共生课程"的内涵

《义务教学语文课程标准(2011 年版)》指出：学生是学习的主体。语文课程必须根据学生发展和语文学习的特点，爱护学生的好奇心、求知欲，鼓励自主阅读、自由表达，充分激发他们的问题意识和进取精神，积极倡导自主、合作、探究的学习方式。基于"课标"理念，结合共生教育理论，我们形成了"共生课程"的基本理念："共生课程"的核心是"共赢"、"互惠"、"相长"，"共生课程"的体系是将课程的各个构成要素加以排列组合，使各个课程要素在动态过程中统一指向课程体系目标实现的系统。在实施过程中，凸显生生之间、师生之间、师师之间、家校之间、学校与社区之间等课程主体与课程环境之间的互利共生关系。共生课程体系应以学校课程为中心，辐射家庭、社区，环境与环境之间体现互利共生的关系。

"共生课程"体系以丰富学科课程内涵为着眼点，共分为四大板块：共生识写、共生阅读、共生表达和共生实践。在共生教育理论引领下，课程着眼人的"可持续"发展，以培养学生的终身学习能力为目标，辐射家庭、社区，致力突破"共生课程"实施中的各种互利共生关系。

(二)"共生课程"的评价要求

通过"共生课程"评价，加深教师对共生课程的深入理解，完善"共生课程"的构成要素，不断总结探索经验，实现"共生课程"的最优化。

"共生课程"以学生获得思想方法的指导和思维品质的提升从而使终身受益成为课程建设的前提，既要关注学习结果，更要关注学生在学习过程中的发展与变化。评价应体现生态性，体现在情境创设、问题启智、归纳促悟的思维发展上，体现在预设与生成、探索与交流的师生互动自然成长过程中。

教师建设和实施课程评价。课程建设以及实施的计划、内容、教案是否符合"和谐高效、思维对话"的课程实施要求。"共生课程"实验教师活动指导评价具体要求见表1－4。

表 1-4 "共生课程"实验教师活动指导评价表

评价目标	目标描述	落实情况	备注
课程理念体现	领会共生课程的基本理念和教学模式,坚持以培养学生终身能力为目标,体现生生之间、师生之间、师师之间、家校之间、学校与社区之间与共生课程的互利共生关系。		
目标的制定与达成	确定适合学生特点与共生课程特点的教学目标,目标明确、具体、切实可行,符合学生实际。		
内容设置的适切性	课程教学内容选择适宜,符合学生实际需求,并与教学目标一致。内容生动有趣,贴近学生的生活,有利于共生互利的目标达成。		
指导方法的多样性	教学方法动静相宜、灵活多样、有实效,符合学生特点,为学生所喜爱。教学媒体的选择应恰当。		
活动组织的有效性	教学程序和结构清晰合理,新颖有效,各环节连接自然流畅,体现共生教育的理念。		
活动准备工作	共生课程教学的备课及教学材料准备要充分;课程教学场地的选择恰当;教学环境的设置要有利于师生互动和同学间的交流与沟通。		
指导教师的专业素养	教师对共生课程的把握准确,对知识的理解和技能的操作到位。仪表、教态、语言恰到好处。		

此外,课程学习完成情况评价,包括平时听课学习的态度、与人合作完成学习任务的能力等;课程学习结果评价,包括完成学习任务的质量和进步程度。

1. 教师观察记录。教师对学生在日常生活中表现出的情感、态度、能力、行为进行观察,并做记录。

2. 描述性评语。在与学生进行充分交流的基础上,教师对学生在一段时间内学习校本课程的学习态度、表现等以描述性的语言写成评语,鼓励学生巩固进步,修正不足,继续努力。

3. 学生自评。教师引导和帮助学生对自己在学习中的表现与成果进行自我评价,以提高自我认识、自我调控的能力。

4. 学生互评。学生依据一定的标准互相评价,这种评价可以帮助学生逐步养成尊重、理解、欣赏他人的态度，相互促进。

5. 作品评价。将学生调查、访问、收集资料等活动产生的作品进行展示和交流，师生共同进行评价。

6. 个案分析。教师针对某一学生学习的特殊状况进行跟踪评价，它有助于教师因材施教和个别化教学。

三、 打造"共生社团"，发展学生兴趣爱好

（一） 创设"共生社团"

共生社团为我校老师、家长、学生搭建了更广阔的成长平台。结合水库小学实际，依据小学生年龄特点，我们创设了多个共生社团：

1. 绿韵文学社。校园小作家诞生的培养基地。

2. 美文朗诵社。朗诵社团的作品在深圳市、区屡屡获奖。

3. 亲子读经班。诵读经典，提升素养。为一、二年级搭建的亲子读经平台，社会反响热烈。

4. 硬笔书法社、软笔书法社。书法爱好者最热爱的地方。社团的作品在省、市、区获奖颇丰。

5. 青年教师读书会。作为学校"青蓝工程"的重点培训基地，培养了一批又一批的青年教师骨干。

6. 戏剧社。热爱戏剧的小演员们在社团老师的带领下，潜心学戏剧，提升素养。

7. 关畅小主持社团。以学生为主持人设立的社团。关畅同学升入高一级的学校后（现就读于中央音乐学院），由老师继续负责，培养了一批批出色的小主持人。

8. 故事乐。"讲故事乐园"，乐趣多多，是学生们成长的乐园。

立足共生社团的特色，我们开发了丰富多样的社团微课程，并在不断探索中完善、充实微课程内涵，力求有计划、定时、定点、定内容地上好每一次的社团活动课程，为学生的可持续性健康成长保驾护航。

"共生社团"体现出以下三大特点：一是辐射范围广。老师、家长、学生、社区都参与其中，在共生互动中成长。二是全员参与。共生课程的设置全方位发展和提升学生的兴趣爱好，为学生的有效成长奠基。三是创立优秀学生主持的社团。我们期待在这样的共生发展的平台上，达到促动成长的最优化。

共生社团课程创设至今，已得到全校师生的热烈反响，取得了良好的社会效应。我们期待坚持用这样的途径继续发展学生个性特长，"润物细无声"地全面提升师生的综合素养。

(二) "共生社团"的评价方式

1. 指导教师的评价内容和形式见表1-5。

表1-5 "共生社团"的评价表

评价对象	评 价 内 容	评价形式	评价结果
"共生社团"管理工作	能挖掘、开发有意义的共生社团课程内容，满足学生兴趣发展的需求，促进学生互助共进交往，内容有趣味性、迁移性等，并能及时修整。	查看社团活动方案、学期活动小结	
	能制定简要的课程纲要，并根据课程纲要制定一份课程实施计划。	看活动记载本中的社团活动纲要	
	能根据计划，精心准备，坚持因材施教，认真指导。	查看社团活动记录	
	共生社团课程开发实施能满足学生的兴趣发展需求，重视发展学生的个性特长，能开发出适合学生特点和利于学生发展的校本课程，重视培养学生的实践能力和创造能力，受到学生喜爱。	学生问卷调查随机访谈学生活动感受记录	
	按照课程要求制定出个性化的学生评价方案，组织好对学生的发展评价，认真做好评价工作。	查看评价方案和学生成果展示	

2. 参与学生的评价。指导教师根据自己负责的社团课程内容灵活地设计个性化

学生成绩评价方案。(1)学生参与社团活动出勤率评价。出勤率低于60％无学分,超过90％计满分。该项目占学业总成绩的20％。(2)学生参与社团活动过程表现评价。平时上课听讲、学习的态度,作业的完成情况。该项目占学业总成绩的40％。(3)成果与收获。该项目占学业总成绩的40％。

3. 评选"优秀社团"、"优秀社团指导教师"、"优秀学员"的要求:(1)"优秀社团"的评选:A. 社团活动记载本记录认真完整,活动方案制定规范细致,可操作性强;活动过程较详细;学期结束有活动反思或小结。B. 指导教师能进行有效的指导,帮助学生发展特长。C. 能加强社团管理,社团活动文明有序;注重社团文化建设,体现社团主题的特色。D. 学期结束时,社团能以个性的方式展示社团活动成果。E. 学生对社团活动满意率超过60％。(2)"优秀社团指导教师"的评选,被评为"优秀社团"的社团指导老师获"优秀社团指导教师"。(3)"优秀学员"的评选:A. 学员积极参加每一次社团活动,不迟到、早退。B. 学员在活动过程中文明有序,不做与社团活动无关的事。C. 学员在活动过程中能积极协助指导老师,能认真记录1—2次活动感受。D. 在社团成员评选过程中得票率不少于60％。E. 每个社团"优秀学员"的比例不超过社团总人数的20％。

四、 推行共生之旅，做活语文实践活动

(一)"共生之旅"的基本要求

"共生之旅"旨在体现"共生语文"中综合性学习的特点,展现学生语文知识的综合运用能力,听说读写能力的整体发展,语文课程与其他课程的联系,书本学习与实践活动的紧密结合。"共生语文"实践活动强调合作精神,培养学生策划、组织、协调和实施的能力。教师在教学过程中积极组织、促进和指导。首先是做一名积极的旁观者,学生在自主观察、交流讨论时,教师用心看、听,设身处地地为学生着想,掌握教学过程中可能出现的情况,设想下一步如何引导学生更好地进行实践活动。其次,教师给学生创造良好的学习氛围,给学生心理上的支持,给学生精神上的鼓舞,使不同层次的学生

都能通过实践活动收益。第三,也要培养学生在实践活动中,学会合作、交流。根据以上认识,我们设置了"共生之旅"课程见表 1-6。

表 1-6 "共生之旅"课程活动安排表

地点	参与人员	课程
东湖公园	1 年级学生	触摸春天
东湖公园	1 年级学生	亲吻秋天
罗湖区图书馆	2 年级学生	探秘安徒生
罗湖区图书馆	2 年级学生	寻找王尔德
东湖公园	3 年级学生	菊花展
仙湖植物园	3 年级学生	走进仙湖植物园花卉展
烈士陵园	4 年级学生	缅怀英雄
洪湖公园	4 年级学生	荷花展
何香凝美术馆	5 年级学生	美的熏陶
高交会馆	5 年级学生	遇见创客节
学校操场	6 年级学生	相约运动会
深圳市博物馆	6 年级学生	感受历史

(二)"共生之旅"的评价标准

实践活动区别于一般的传统的语文学习,其课程目标并不单指某种知识或能力的达成,而应把学生探究的过程纳入评价目标体系,要求教师在实际教学中更关注学习的过程,且这一个活动能否使学生的学习兴趣更加浓厚,学生是否能在活动中有积极的表现,学习的成果是否有多种呈现形式。

1. 教师对于学生的评价。采用过程性评价,将学生在语文实践活动全过程的表现放进成长记录袋,成长记录袋中包含学生活动的参与程度、课堂探究情况、所搜集的资料、小报告、作业等。

2. 学生自评和同学互评。由于实践活动大都采用小组合作学习的方式，还应该组织学生进行互评，互相指出优缺点，便于学生回顾自己的学习情况，不断提高。

3. 学生对活动的评价。学生也可以对本次的活动提出自己的看法，促使老师可以不断改进自己的教学行为。

五、 创设"共生节日"，浓郁语文氛围

(一) 创设"共生节日"

多年来，水库小学致力于书香校园的文化底蕴建设，不断丰富语文学科内涵。在"回归母语、回归儿童"的核心理念引领下，从 2001 年开始，以开展系列主题活动为切入口，逐步探索出提升全校师生综合素养，有利于全校师生持续发展的学科"三节"系列活动。见图 1-7。

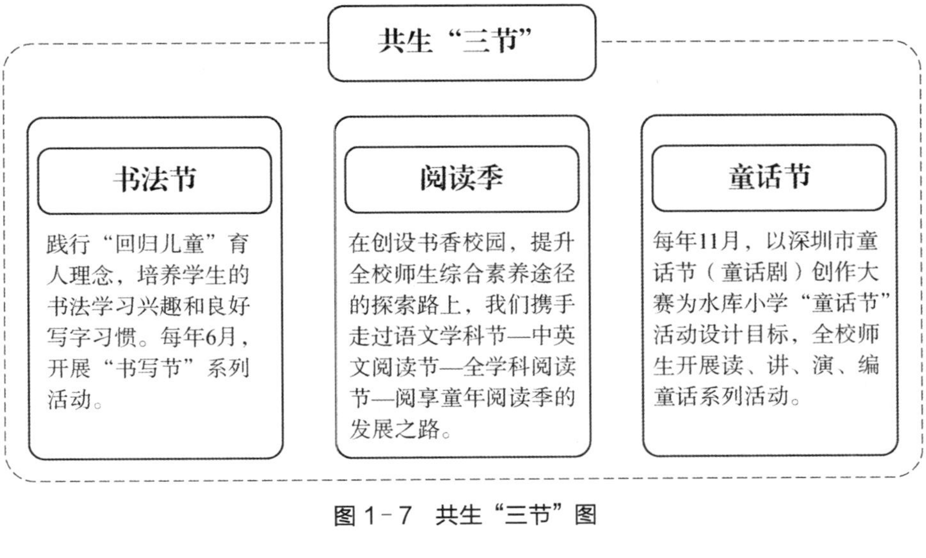

图 1-7　共生"三节"图

6 月"书写节"："夸夸我的字"、学生书法作品展览、1—6 年级的书法比赛……酷酷的"书写节"系列活动在校园里总会掀起一阵阵练字热潮。

11月"童话节"：全校师生开展读童话、讲童话、演童话和编写童话等系列活动。校园板报文化长廊里那一篇篇文笔优美的童话，一幅幅色彩明丽的童画，舞台上展示的天真浪漫的童话剧……真实地记录着学生无忧无虑、多姿多彩的童年童趣。

4至10月"阅读季"：每年4月23日的"世界阅读日"，我们启动"阅享童年阅读季"活动，阅读季跨越春季、暑假、秋季，到金秋十月举行闭幕式。"就爱你，阅读"涂鸦活动，阅读徽标、阅读格言、阅读摄影征集活动，阅读之星、最美家庭阅读角、最美班级阅读角评选活动……丰富多彩的系列共生阅读活动，为全校师生的终身可持续发展奠基。具体表述见图1-8。

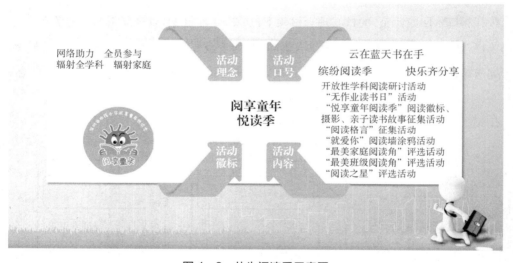

图1-8　共生阅读季示意图

在"共生"理念的引领下，在致力提升全校师生综合素养途径的探索路上，我们从未停步，至今已经整整走过了18年……

(二)"共生节日"的评价要求

"共生节日"的评价要求见表1-7。

表 1-7 "共生节日"的评价表

评价对象	指标体系	评定标准	
		评价内容	评定等级
共生节日相关工作	组织建设	1. 章程、制度健全。 2. 有专业老师负责。	
	活动目标和计划	1. 有年度活动目标。 2. 活动目标明确具体。 3. 有实现目标的行动计划。 4. 计划科学、合理，可行性高。	
	学生活动	1. 积极主动，活动到场率高。 2. 生生、师生实现共生，合作互动好。 3. 学生有问题意识。 4. 学生有较多的体验和感受。	
	负责教师表现	1. 参与活动的理念高，服务意识强。 2. 积极参加学校组织的培训和会议。 3. 指导实施活动的老师顺利开展共生节日活动。 4. 工作能力强。	
	活动成效	1. 活动按计划有序开展，受到社团成员、家长、校领导的肯定。 2. 学生参与活动自主性高，能得到充分锻炼。 3. 活动在校园（校园网）有宣传或是活动有成果。 4. 活动在区教育网或报纸杂志等宣传报道。	
	活动记录和资料保存	1. 记录及时。 2. 活动各种记录分档保存完好。 3. 建立每一年共生节日活动档案袋。	
	活动安全	1. 无重大安全事故。 2. 活动开展期间安全措施到位。 3. 注重培养学生参与活动的安全意识。	

六、落实"共生探究"，转变语文学习方式

（一）"共生探究"的落实途径

深圳市水库小学语文科组"共生探究"包含"共生节日"、"共生之旅"、"共生社团"

三个模块,在实现发展学生语文素养的课程目标过程中,富有教育价值并且能够为语文课程服务。根据我校提出的"主体探究、综合渗透、合作活动、创新发展"探究活动方针,我们认为可以从以下两个方面落实"共生探究"。

1. 教师主题阅读式探究。教师对于"共生语文"的持续研究,挖掘教师的深度学习及思考能力,有利于充分发挥教师的自主性、积极性和创造性,教师不仅决定课程资源的鉴别、开发和利用,其自身就是课程资源的重要组成部分。在语文探究学习中,教师要调动学生已有的知识、经验,触发学生的情感,还要强调个性化的学习。

学校语文科组定期组织教师开展相关教研活动,例如研究规范、丰富教师读书会的活动方式,使其常态化、系统化;收集整理能有效促进教师综合素养发展的书籍;研究有效促进教师发展的活动方式,如:演讲、朗读沙龙、撰写读书笔记等等。另外,全员营造共生阅读环境。研究营造书香校园的方法策略,如每年阅读季系列活动的开展,班级阅读角的建立,教师读书会的成立等;研究阅读效应辐射社区的方式方法,如最美家庭阅读角的评选活动、家长读书会的开展等。

2. 家庭语文学习资源开发。学生来自不同的家庭,具有不同的家庭文化和家庭教育,如果我们能把家庭语文课程资源利用起来,得到家长对于探究活动的支持,将是学校语文探究学习的有力补充,例如邀请家长来办讲座、请家长为孩子的作文写评语、请家长与孩子互写书信等。

(二)"共生探究"的评价方式

建立学生探究记录袋。学校的学生探究记录袋是学生的精神财富,每个学生参加探究活动各方面的情况尽在其中。探究成果可以有活动笔记、活动反思、活动照片、作业、教师评价、家庭评价等等。通过学生探究记录袋,更有利于家校的合作,也能明确探究活动下一步的方向,使教师对学生在探究活动中的表现做出更准确、全面的评价。

总之,"共生语文"遵循母语学习规律,坚持以学生的发展为本,充分考虑学生的需要、兴趣与已掌握的学习经验,科学设计"共生语文"课程,积极推进共生学习方式的改革,实施发展性评价,在多元对话的过程中实现"互惠""共赢",实现精神的"相长"。

(执笔人:廖军辉、方绮梅、高珊、骆景环)

第二章

臻美数学：淬炼儿童的理性与逻辑

　　马克思说："一门科学,只有当它成功地运用数学时,才能达到真正完善的地步。"数学是人类文化的重要组成部分,数学素养是现代社会每一个公民应该具备的基本素养。"臻美数学"把激活儿童的思维,淬炼学生的理性与逻辑作为数学教育的根本追求,致力于促进每一个学生活泼地、富有个性地发展,最充分地让每一个生命蓬勃生长。

深圳市水库小学数学科组是一个秉持着自强不息、精益求精精神的优秀集体。现有教师 28 人,研究生学历 2 人,本科学历 24 人;中学高级教师 4 人,小学高级教师 18 人;深圳市优秀教师、市区学科带头人与骨干教师 16 人,教师业务精湛,结构合理,师资力量整体较强,被罗湖区教育研究中心授予"先进示范科组"称号。一直以来,水库小学数学教研组聚焦课堂教学,通过大量的课例研讨逐渐形成具有校本特色的课堂文化认同。我们依据《义务教育数学课程标准(2011 年版)》与数学学科的特点,结合我校的实际情况,以文化为引领,提炼出"臻美数学"学科课程理念,推动本校数学课程的发展,以求最充分地让每一个学生都能在数学学习中获得丰富的体验与收获。

课程哲学与价值追求　富有理性与逻辑之美的数学

一、 学科价值观

《义务教育数学课程标准(2011 年版)》指出:"数学是研究数量关系和空间形式的科学。小学数学课程是培养公民素质的基础课程,具有基础性、普及性和发展性,为学生未来生活、工作和学习奠定重要基础。"[①]"数学是人类文化的重要组成部分,数学素养是现代社会每一个公民应该具备的基本素养。作为促进学生全面发展教育的重要组成部分,数学教育既要使学生掌握现代生活和学习中所需的数学知识与技能,更要发挥数学在培养人的理性思维和创新能力方面的不可替代的作用。"[②]我们认为,数学教学应从已有的生活经验出发,在发现与探索中,让学生亲身体验将实际

---

① 中华人民共和国教育部. 义务教育数学课程标准(2011 版)[S]. 北京:北京师范大学出版社,2012:1.
② 中华人民共和国教育部. 义务教育数学课程标准(2011 版)[S]. 北京:北京师范大学出版社,2012:1.

问题抽象成数学模型并进行解释与应用的过程,促使学生在理解数学知识的同时,思维能力、情感态度与价值观等多方面得到发展和进步。教师要引导学生会用数学的眼光观察现实世界、会用数学的思维思考现实世界、会用数学语言表达现实世界。①

二、 学科课程理念

数学的影响已经普及人类活动的所有领域,是每一个合格的现代公民必须具备的基本的素养。数学家菲利克斯·克莱因说过:"数学是一种精神,一种理性的精神。正是这种精神,激发、促进、鼓舞并驱使人类的思维得以运用到最完善的程度,亦正是这种精神,试图决定性地影响人类的物质、道德和社会生活;试图回答有关人类自身存在提出的问题;努力去理解和控制自然;尽力去探求和确立已经获得知识的最深刻的和最完美的内涵。"《义务教育数学课程标准(2011 年版)》明确指出:"学生的数学活动应当是一个生动活泼的、主动的和富有个性的过程。"②数学家哈尔莫斯更是说过:"学习数学的唯一方法是做数学"。因此,教师不能再用静态的视角去认识数学,不能简单地把数学看成是知识的汇集,而应该持动态的数学教育观。教师应放手让学生自己去"做数学",让数学成为"活动化"的数学,让学生带着自己原有的知识背景、活动经验和理解走进数学的学习活动,主动地参与数学知识发生、发展和形成的过程;让学生在理解和掌握数学知识和方法的同时,感受创造的乐趣,体验成功的喜悦,促进个性发展;让他们在主动参与学习活动的过程中,形成独立思考、与他人交流和反思等学习习惯,真正成为学习的主人。

基于此,我们数学教研组提出了"臻美数学"的学科课程理念。"臻美"是一个汉语词汇,"臻"是达到;"臻美"释意是完美,达到更好的地步,更趋完善。在这里,我们引用

① 史宁中. 数学基本思想 18 讲[M]. 北京: 北京师范大学出版社, 2016: 前言 2.
② 中华人民共和国教育部. 义务教育数学课程标准(2011 版)[S]. 北京: 北京师范大学出版社, 2012: 2.

"臻美"一词阐释数学教育应该尊重每一个生命。在臻美数学理念之下，我们进一步提出"知"、"行"、"做"的数学学习方法。"知"是基本，"行"是发展，"做"是创造，以"知"推动"行"，以"行"触发"做"，最终践行以"做"淬炼学生的理性思维能力，以此达到知行做合一，最充分地让每一个生命蓬勃生长，臻善臻美。概括来说，"臻美数学"是通过不断创设有意义的问题情境或数学活动，激励学生自己去做数学，以此达到从做中学，在做中悟。我们期望在"做数学"中，学生人人都能独立思考，并自主探究；人人都能发现问题，并产生合作交流的愿望；人人学会用数学的眼光、数学的思维观察和思考世界。

（一）"臻美数学"在于发现

《义务教育数学课程标准（2011 年版）》指出："学生自己发现和提出问题是创新的基础。"[1]爱因斯坦说过："提出一个问题往往比解决一个问题更重要。"因而，我们的"臻美数学"旨在让学生在有趣的情境中寻找并发现数学问题，一方面培养学生搜集信息的能力，另一方面帮助学生养成从数学的角度发现问题，提出问题的意识。在教学活动中，"臻美数学"提倡教师根据学生情况、教学内容、教学环节等因素，创设一种现实而有吸引力的学习情景，让学生在情境中，在教师的引领下，在"做"的过程中，学会用数学的眼光看待现实生活，学会独立思考，积累丰富的直接经验，促使学生逐渐发现：数学有趣。

（二）"臻美数学"在于探索

《义务教育数学课程标准（2011 年版）》指出："学生学习应当是一个生动活泼的、主动的和富有个性的过程，认真听讲、积极思考、动手实践、自主探索、合作交流等，都是学习数学的重要方式。"[2]苏霍姆林斯基说："在人的心灵深处，都有一种根深蒂固的

---

① 中华人民共和国教育部. 义务教育数学课程标准(2011 版)[S]. 北京：北京师范大学出版社,2012：7.
② 中华人民共和国教育部. 义务教育数学课程标准(2011 版)[S]. 北京：北京师范大学出版社,2012：2.

需要,这就是希望自己是一个发现者、研究者、探索者,而在儿童的精神世界中,这种需要特别强烈。""臻美数学"知道在人的思维活动中,"为什么"是思维的开始,"怎么办"是思维的运作。因而,我们主张教师在设计教学活动时,应精心创设问题情境,营造自然、民主与和谐的探索氛围,使学生置身于问题情境的探索中,激发学生发现问题、探究规律的欲望,让每个学生都能成为课堂上的发现者、探索者和研究者,以满足学生的自我需要。在"臻美数学"的课堂上,学生不仅能人人动手、动脑参与探索活动,还能在活动中学会与人交流、合作。"臻美数学"的课堂旨在促进学生的共同发展,让学生通过探索体验到:数学好学。

(三)"臻美数学"在于应用

《义务教育数学课程标准(2011年版)》指出应用意识有两个方面的含义:一方面,有意识利用数学的概念、原理和方法解释现实世界中的现象,解决现实世界中的问题;另一方面,认识到现实生活中蕴涵着大量与数量和图形有关的问题,这些问题可以抽象成数学问题,用数学的方法予以解决。在整个数学教育的过程中都应该培养学生的应用意识,综合实践活动是培养应用意识很好的载体。[1] 同时《义务教育数学课程标准(2011年版)》强调"人人都获得良好的数学教育,不同的人在数学上得到不同的发展。"[2]"臻美数学"主张教师在教学活动中应该更关注数学知识的实际意义和使用价值,让一切教学活动都立足于生活。数学本身就源于生活,而课堂学习的最终目的又是让学生回归生活,让他们认识到现实生活中蕴含着大量数学信息,数学在现实世界中有着广泛的应用。当学生面对生活中的实际问题之时,他们能主动尝试从数学的角度运用所学知识和方法寻求解决问题的策略。鉴于此,"臻美数学"提倡教师在教学活动中应尽量运用身边的人和事来组织教学活动,拉近抽象的数学知识与学生的距离,让学生真正意识到:数学离我们非常近,数学该学;数学可以成为解决现实问题的工

---

[1] 中华人民共和国教育部.义务教育数学课程标准(2011版)[S].北京:北京师范大学出版社,2012:7.
[2] 中华人民共和国教育部.义务教育数学课程标准(2011版)[S].北京:北京师范大学出版社,2012:2.

具,数学有用。

(四)"臻美数学"在于感悟

在《义务教育数学课程标准(2011年版)》中,义务教育阶段的数学课程目标包含了"在与他人合作和交流过程中,能较好地理解他人的思考方法和结论。能针对他人所提的问题进行反思,初步形成评价与反思的意识。"[①]反思指的是对自己思维和学习过程的自我意识和自我监控,是思维的一种高级形式。"臻美数学"坚持无论是在课堂的探索中还是探索后,都积极引导学生学会反思,促进学生问题意识的形成,提高学生的元认知能力。我们相信经过反思的数学学习,不仅能让学生对自身的学习方法和解决问题的策略有一个较为清晰的认识,还能增强他们的学习自信心。学生通过学习中的自我反思,最终达到自我提高和可持续性发展,并逐渐感受到:学习数学可以很轻松,成功其实并不难,数学真好。

综上,"臻美数学"就是把"做数学"作为一种教学理念贯穿于数学教学活动的终始,并立足生活,形成具体的、行之有效的教学活动策略,为学生建构一个贴近生活、主动性强、探究味浓且个性化的学习平台,让学生在"做数学"中增长知识,培养能力,积累经验,提升素养,形成智慧,养成品格。

课程目标与核心素养　引领儿童实现臻美愿景

《义务教育数学课程标准(2011年版)》提出:"通过小学数学课程学习,学生能获得适应社会生活和进一步发展所必需的数学基础知识、基本技能、基本思想、基本活动经验;学生能体会数学知识之间、数学与其他学科之间、数学与生活之间的联系,运用

---

① 中华人民共和国教育部. 义务教育数学课程标准(2011版)[S]. 北京:北京师范大学出版社,2012:14.

数学的思维方式进行思考,增强发现和提出问题的能力、分析和解决问题的能力;学生了解数学的价值,提高学习数学的兴趣,增强学好数学的信心,养成良好的学习习惯,具有初步的创新意识和科学态度。"①

一、 学科课程总体目标

基于《义务教育数学课程标准(2011 年版)》对课程目标的阐述与要求,我们将"臻美数学"的课程总体目标设置为知识技能目标、数学思考目标、问题解决目标、情感态度目标四个维度。

(一) 知识技能目标

经历数与代数的抽象、运算与建模等过程,掌握数与代数的基础知识和基本技能;经历图形的抽象、分类、性质探讨、运动、位置确定等过程,掌握图形与几何的基础知识和基本技能;经历在实际问题中收集和处理数据、利用数据分析问题、获取信息的过程,掌握统计与概率的基础知识和基本技能;参与综合实践活动,积累综合运用数学知识、技能和方法等解决简单问题的数学活动经验。

(二) 数学思考目标

建立数感、符号意识和空间观念,初步形成几何直观和运算能力,发展形象思维与抽象思维;体会统计方法的意义,发展数据分析观念,感受随机现象;在参与观察、实验、猜想、证明、综合实践等数学活动中,发展合情推理和演绎推理能力,清晰地表达自己的想法;学会独立思考,体会数学的基本思想和思维方式。

———————————

① 中华人民共和国教育部. 义务教育数学课程标准(2011 版)[S]. 北京：北京师范大学出版社,2012：8.

（三）问题解决目标

初步学会从数学的角度发现问题和提出问题,综合运用数学知识解决简单的实际问题,增强应用意识,提高实践能力;获得分析问题和解决问题的一些基本方法,体验解决问题方法的多样性,发展创新意识;学会与他人合作交流;初步形成评价与反思的意识。

（四）情感态度目标

积极参与数学活动,对数学有好奇心和求知欲;在数学学习过程中,体验获得成功的乐趣,锻炼克服困难的意志,建立自信心;体会数学的特点,了解数学的价值;养成认真勤奋、独立思考、合作交流、反思质疑等学习习惯,形成实事求是的科学态度。

"臻美数学"总体目标的四个方面,不是各自独立和割裂的,而是一个密切联系、相互交融的有机整体。在课程设计和教学活动组织中,我们注重兼顾这四个方面的目标。这些目标的整体实现,是学生受到良好数学教育的标志,它对学生的全面、持续、和谐发展有着重要的意义。

二、 学科课程年级目标

依据《义务教育数学课程标准（2011 年版）》对课程总目标的阐述与要求,数学教研组将四大领域的课程内容进一步细化、分解、具体为年级课程目标,具体如下（见表 2－1:"臻美数学"课程年级目标一览表）。

总之,学科课程总目标与年段目标在课程设计和教学活动组织中,相互渗透,有机融合为有机整体,共同为培育学生学科核心素养服务。

表2-1 "臻美数学"课程年级目标一览表

维度＼年级	一年级	二年级	三年级	四年级	五年级	六年级
知识技能	1. 理解100以内的数及加减法运算的意义，借助"巧算在心"活动，提高学生运算能力，发展学生分析解决问题的能力； 2. 正确认识钟面上的整时和半时，加强学生对几何体和平面图形的理解，增强学生的空间观念； 3. 经历数据的收集、整理和分析过程，提升学生的数据分析能力。	1. 在万以内的数的学习中，理解数的实际含义；在解决问题过程中体会乘、除法运算的意义； 2. 结合具体情境，认识人民币和时间，结合具体操作活动进一步感知方向、平移和轴对象，积累活动经验，初步感受确定现象和不确定现象。	1. 能进行简单的小数和分数加减法计算，巩固整数和小数的运算，会运用混合运算（两步）的运算顺序，掌握些简算的技巧； 2. 掌握年、月、日及24时计时法； 3. 认识角和轴对称图形，掌握长方形、正方形的周长和面积公式。	1. 认识小数、正数、负数及亿以内的数，会进行小数的简便运算、加减对运算律的理解，会解决简单的方程的问题； 2. 认识平面上两条直线的位置关系，进一步学习角等平面图形知识，能从三个方向观察立体图形的形状； 3. 认识统计图，能根据具体情境，求平均数、会平均数的实际运用。	1. 了解倍数、因数、质数和合数，会计算小数除法、分数加减乘混合运算；会方程方程简单应用及运用方程解决实际问题； 2. 认识长方体、正方体及其展开图；会计算简单图形及组合图形的面积； 3. 通过实例了解体积与容积，能进行体积单位之间的换算、掌握长方体、正方体表面积和体积的计算方法。	1. 认识并掌握圆柱和圆锥的相关知识； 2. 能按一定比例将简单的图形放大或缩小、能运用平移、旋转和轴对称设计简单图案； 3. 能进行百分数与小数、分数之间的转化；理解比、比例的意义并掌握相关知识； 4. 认识扇形统计图，能根据需要选择统计图有效地表示数据。

续表

维度＼年级	一年级	二年级	三年级	四年级	五年级	六年级
数学思考	1. 能利用度量单位和数进行简单地描述，培养数感； 2. 能正确描述物体的位置和顺序，同时对物体进行比较；能辨认不同方向简单认识物体的形状，发展空间观念； 3. 借助趣味分类实践活动，能够根据标准对事物或数据进行分类。	1. 在对实际物体进行测量的活动中，加深对理长度单位的理解，发展数感和空间观念； 2. 进一步认识角，在具体操作活动中，发现常见图形的特征； 3. 借助小小调查员活动，体验数据中蕴涵的信息。	1. 能辨认、描述从不同角度观察到的简单物体；能根据定的方向，辨认其他方向；能辨认简单图形平移后的图形； 2. 认识长度单位、面积单位，能进行简单的单位换算，会选择合适的长度面积单位； 3. 初步学会收集、整理数据，能用自己的方式呈现整理数据的结果。	1. 会根据数对找到确定事物位置，借助实现情境、描述简单的路线图，用数学语言指引正确位置； 2. 通过实例观察、操作，体会图形的运动过程，发展空间观念； 3. 初步体会运筹思想、对策论方法在生活中的应用，感受数据的随机性，感受事情可能性有大有小。	1. 通过观察、实验、猜想、验证等活动，发展合情推理能力，能进行有条理的思考，能比较清晰地表达自己的思考过程； 2. 能根据物体相对于参照点的方向和距离确定其位置，会描述简单的路线图； 3. 学会有意识地从不同媒体中获得数据信息，能读懂、解释数据的简单图表，根据结果作出简单的判断和预测。	1. 在探索图形的周长、面积的计算经历中，体会"化曲为直""类比"等数学思想方法； 2. 通过实例观察、想象、操作，体会图形的运动过程，尝试有条理地表达运动过程的运动过程，感受观察点、观察角度的改变，能利用所学的知识解释生活中的一些现象，发展空间观念。

续表

年级 维度	一年级	二年级	三年级	四年级	五年级	六年级
问题解决	1. 能在教师指导下,从实际问题中发现潜在的数学信息,并根据信息提出数学问题,借助数学知识对实际问题做出有条理的分析,并设法解决; 2. 通过与同伴合作交流,体验与他人合作解决问题的过程。	1. 能运用所学知识对生活中的实际问题进行分析并解答; 2. 通过智组多样的活动,培养学生有存实面地思考问题,进而提高学生的计算、分析和推理能力; 3. 结合具体情景对简单数据做出整理和分析。	1. 在探索、发现运算规律的过程中,体会相关知识之间在内在联系,养成回顾与反思的好习惯; 2. 能根据一定的标准对事物和数据进行分类,能合理选择常用的测量工具和方法,解决简单的测量问题; 3. 了解解决问题方法的多样性,会选择最优化策略解决问题。	1. 能运用所学知识解决生活中的实际问题,初步学会运用数学的思维方式去观察和分析现实生活,体会解决问题策略的多样性; 2. 初步学会用思维导图的方式进行知识梳理。	1. 能利用数形结合的数学思想,尝试独立解决一些简单的数学问题; 2. 在实际的生活调查、数据分析中,培养学生表达过程及反思考反顾的能力; 3. 能够运用数形结合利用简单的实际问题,了解解决问题方法的多样性,在交流中找到最优化的解决的策略。	1. 尝试提出生活中的简单数学问题,经历分析和解决问题的思考过程,体会画图策略的优越性,感受统计的作用; 2. 在解决问题的过程中,尝试独立获取有效的数学信息,能运用合适策略分析问题,在合作分享中交流,总结自己的思考和收获。

续表

年级 维度	一年级	二年级	三年级	四年级	五年级	六年级
情感态度	1. 能用数学知识描述生活中的一些现象,感受数学的应用价值,激发数学学习的兴趣; 2. 在解决问题的过程中,能克服困难,增强解决问题的自信。	1. 通过交流、鉴赏,养成接纳他人意见的良好习惯,在表达自己的过程中,增强自信的自信和创造力; 2. 通过测量身体的数据,让学生感受到数学就在身边,对身边与数学有关的事物保有好奇心。	1. 在解决简单实际问题中,经历与同伴交流各自算法的过程,并能对同伴的想法提出自己的见解; 2. 在动手操作、合作交流中数学习趣中,激发学习的兴趣,好奇心,克服困难、体验获得成功的乐趣,建立自信心。	1. 在综合运用所学知识解决问题的过程中,感受数学与生活的紧密联系; 2. 初步学习整理和复习知识的方法,养成自觉整理所学知识的良好学习习惯; 3. 在交流表达自己的想法,养成认真倾听,善于思考的好习惯。	1. 在运用数学知识和方法解决问题的过程中,认识数学的价值,感受数学的聪明才智,增强学好数学的自信心; 2. 初步养成乐于思考、实践探究、勇于质疑的良好品质,逐步锻炼他人沟通交流的能力,培养小组合作学习意识,能够在团队中发挥自己的优势。	1. 结合圆、圆周率的学习,感受图形世界的神奇和数学文化的魅力,体会人类对数学知识的不断探索过程,形成对数学学习的积极情感; 2. 在综合运用所学的知识解决问题的过程中,积累数学活动经验,发展数学学习兴趣,体会数学能力,体会数学的学习价值。

课程框架与目标匹配　构筑完整的数学习得通道

　　"臻美数学"在国家课程实施的基础上，依照《义务教育数学课程标准（2011 年版）》，由师生共同构建，设计和实施臻美课程，充分满足本校学生全面及个性化发展的需要。

一、"臻美数学"课程结构

　　根据小学数学学科课程标准，小学阶段数学学科课程按内容分为四部分："数与代数"、"图形与几何"、"统计与概率"与"综合与实践"。基于《义务教育数学课程标准（2011 年版）》，结合我校"臻美数学"的课程理念，我校数学学科课程结构包含"臻美计算"、"臻美图形"、"臻美数据"与"臻美探究"四个部分，如图所示（见图 2–1："臻美数学"课程结构图）。

图 2–1　"臻美数学"课程结构图

1. "臻美计算"。"数与代数"的内容在义务教育阶段有着重要的教育价值,通过"数与代数"内容的学习,可以发展学生的数感、符号感与估算意识,在小学两个学段中主要涉及数的认识、数的运算、常见的量、式与方程与正反比例五个主题。以"学习＋比赛"的形式发展学生的运算能力,加深学生对算理的理解;选择合理的运算途径,提高估算能力;经历竞赛的历程,提升心理品质,建立数学自信。

2. "臻美图形"。"图形与几何"的学习有助于学生更好地认识我们生存的世界,有助于培养学生的空间观念、几何直观、推理能力。第一、二学段的内容分为图形的认识、测量、图形的运动、图形与位置四个部分。引入数学益智玩具,以"体验＋比拼"的形式开展游戏活动,发展空间想象能力,培养数学兴趣。让学生在活动中观察、猜想、验证、调整,用数学知识、数学技能解决遇到的问题,学以致用。

3. "臻美探究"。"综合与实践"是以问题为载体,师生共同参与的一种学习活动,是帮助学生积累数学活动经验的重要途径。综合与实践课程的设置有利于培养学生的动手实践能力、抽象思维能力、创新意识和应用能力。以"问题＋实验"的形式,探讨具有思维深度的数学问题,鼓励学生积极主动思考、动手、请教、分享,亲历用归纳概括得到猜想和规律的过程;鼓励学生提出有价值的问题,强化思维训练激发创新意识;利用信息技术优势,丰富数学学习内容,优化数学学习方式,提升数学活动体验,发展数学动手能力。

4. "臻美数据"。"统计与概率"的学习可以使学生逐渐形成统计观念、尊重事实、用数据说话的态度。时代的发展决定了当下信息收集、整理、分析是每一个公民必不可少的能力,只有收集到有用的数据,提取有价值的信息,方可作出合理的决策。以"生活＋数据"的形式,围绕生活中的问题,采用调查与整理,分析与归纳的方法,利用数据解决生活中的问题,经历科学分析的历程,培养解决问题的科学思维。

二、"臻美数学"课程设置

我校数学课程设置的二维方向分别为:按时间顺序:1 至 6 年级;按课程类别:

"臻美计算"、"臻美图形"、"臻美探究"与"臻美数据"。"臻美数学"课程设置如下表（见表2-2:"臻美数学"课程设置表）。

表2-2　"臻美数学"课程设置表

		臻美计算	臻美图形	臻美探究	臻美数据
一年级	上	数字巧记	我的城堡	趣味比较	我的校园
	下	数字拆解	创意七巧板	分类小能手	拼图小达人
二年级	上	乘法世界	生死华容道	跳蚤市场	身体奥秘
	下	除法世界	边边角角	重复奥秘	班级评选
三年级	上	超市数学	照片谜语	菜单搭配	测量校园
	下	八戒的难题	剪纸大师	小小设计师	我要开店啦
四年级	上	巧算大比拼	滑梯设计师	小小编码师	一起来抽奖
	下	歌手大赛	小小绘图师	密铺世界	蒜苗实验
五年级	上	汇率知多少	对称之美	小小策划师	规则我来定
	下	分数世界	包装师学问	立体世界	老马识"图"
六年级	上	小小调味师	"圆"来如此	校园足球赛	年级评选
	下	小小航海员	放大与缩小	我说你画	社会调查

课程实施与评价支撑　带领儿童走进臻美数学乐园

数学学科课程,应当促进每个学生活泼地、主动与富有个性地发展,尊重教育规律及学生身心发展规律,着眼"再创造",立足于"做数学",培养学生的数学学习能力,提升学生的数学核心素养。

一、 构建"臻美课堂"，提升学科课程实施品质

教师的课堂组织是动态的，要根据不同的需要和不同的情况，用有吸引力的语言，去引导学生的身心，打造"臻美课堂"，需要我们给予学生足够的时间和空间，让学生成为学习的参与者，在探索中享受成功。学生的作业练习是动态的，作业是课堂的延伸，适当、适量的作业可以很好地巩固当天所学，给予选择的空间，促进不同程度的学生获得不同程度的发展。

（一）"臻美课堂"的实施

臻美，是日趋完美，是一个不断完善的过程。学生的学习是动态的，善加利用学生的课堂生成，课堂也会因此焕发活力，学生在"做中学，学中做"，学习数学不再单纯是记、背、练、考，而是在动手中思考，在实践中成长。

"臻美课堂"是对《义务教育数学课程标准（2011 年版）》的深入学习。理解《义务教育数学课程标准（2011 年版）》背后的制定理念，将理念融入到每节课的设计中，实现知识、技能、过程和方法、情感态度与价值观的协调统一。

"臻美课堂"是对课堂教学的深入研究。探索学生学习习惯的培养途径，研究教学过程的高效策略，教学组织的艺术，进一步提升教师的教育教学水平和学生的学习能力、习惯和品质。

"臻美课堂"是对多元作业的深入设计。创设多样、高效、趣味、符合学生实际的作业，并形成体系，提升学生的学习兴趣，发展各项基本能力。

（二）"臻美课堂"的评价要求

"臻美课堂"需要我们善于鼓励和表扬，通过多样化的评价，恰当的呈现并合理利用评价结果，保护学生的自尊心和自信心，积极的评价能够引导学生正确面对挫折，经历成长（见表 2－3："臻美课堂"评价标准表）。

表 2-3 "臻美课堂"评价标准表

评价维度	具体指标	等级（在相应等级格内画√）				
		很好 A=10	好 B=8	一般 C=5	较差 D=3	差 E=1
师生关系	1. 民主、平等、互爱、促学的师生关系。					
	2. 教师关爱每一位学生，关注学生课堂学习表现，学生在课堂学习中获得安全感、期待感、参与感、体验感、成就感。					
教学实施	3. 课堂教学目标明确具体、可检测、可评价，体现学科核心素养、学业质量标准要求的导向功能、聚合功能、评价功能、激励功能。					
	4. 学习积极性高，课堂参与面广，思维引导精巧，生成过程自然，师生关系平等融洽。					
	5. 教学流程清晰，探究过程有序，问题反馈及时，体现学法指导，展示评价有效得当。					
教学效果	6. 重点理解透彻，难点有效突破，疑点化解全面，思维拓展到位，学习质量有效度高。					
	7. 合作探究有序，全体积极参与，关注个体差异，互动氛围浓厚，教学过程主体性强。					
	8. 知识习得扎实，技能训练精当，过程方法真实，目标达成全面，达成学科素养目标。					
技术规范	9. 合理、适度地运用信息技术平台和教学技术手段组织课堂教学，推进现代教育技术与课堂教学的深度融合。					
	10. 创造性地运用大数据和人工智能技术分析评价教学效能，实现教学过程、教学评价运用与共享的可视化、数字化、数据化、个性化。					
总分						
质性评价	优点与特色					
	问题与不足					

二、 建设"臻美社团"，推进兴趣爱好课程

"臻美社团"围绕学科核心素养，立足个性化发展，为学生提供充分发展的平台。

（一）建设"臻美社团"的实施

一是激发学生学习数学的兴趣。数学活动落实的关键在于激发学生的数学学习兴趣，充分调动学生学习积极性，引发学生的数学思考，理解数学，享受数学，获得数学。

二是培养学生良好的学习习惯。学习习惯是在学习活动中形成的，一定的学习行为重复多次就会形成学习习惯。

三是提供充分的数学活动机会。为学生提供充分的观察、实验、猜测、计算、推理、验证等数学活动机会，使学生在活动中思考，在活动中发现数学、理解数学、掌握数学，应用数学。

社团采取走班制形式。每年开学初由学生报名，数学老师推荐，全校社团协同安排。社团课程采取"本校教师自主开发＋社会机构购买服务"的形式。每学期开学初将社团方案上交教导处，经过学校行政会评审通过后进行实施。社团课程遵循动态发展，根据每学期选课情况、授课情况进行优化提升、推陈出新。

（二）"臻美社团"的评价要求

数学"臻美社团"的考核应是多维度的、持续的、发展的，体现参与性、操作性、创新性。多维度的考核着眼于数学学习的过程，能以动态化形式更客观地评价学生，使不同学生在现有数学水平上得到不同的发展，这里采用成长记录袋跟踪记录形式，通过自我评价、小组评价、教师评价三者相结合的评价体系考查学生在社团活动中参与活动的积极性、合作意识及团队精神、创新创造能力等方面。具体见下表（见表 2 - 4：社团成长记录袋）。

表2-4　社团成长记录袋

活动时间：

评价内容	自我评价	小组评价	教师评价	总评
作品/竞赛的完成进度				
作品/竞赛完成质量				
参与活动的积极性				
动手/反思探究能力				
合作意识及团队精神、遵守纪律				

三、 创设"臻美数学节"，推进数学活动课程

数学节是数学文化建设的缩影，能给予学习者一个相互交流、相互学习的平台，是学习者走近数学、感受数学、学习数学、研究数学的大型活动。为了使每个学习者有足够的时间能更加深入理解，感悟，诠释心中的数学，在数学的文化氛围中学有所思，学有所得，数学节以一周时间为宜。

（一）"臻美数学节"的实施

"臻美数学节"以创作类、竞赛类、体验类三类活动为载体，围绕"臻美计算"、"臻美图形"、"臻美探究"、"臻美数据"打造了"数学口算比赛"、"数学24点竞赛"、"数学画笔演绎"、"数学讲故事比赛"、"数学故事创作"等多元活动项目。

创作类活动鼓励全员参与，人人都动起来，运用不同的方式表达自己心中的数学。各班级展示后，选取部分优秀作品或选手进行全校性展演。

竞赛类活动通过各班的初赛选出部分选手代表班级参加决赛，决赛计算个人以及团体成绩，鼓励班级内互相交流，互相学习，发挥团队竞赛的最大效益。决赛选用集中赛制，如口算比赛、24点比赛将1—6年级选手集中在一个大场地，现场滚动播放实时结果，营造比赛氛围，鼓励班级组建拉拉队现场助威或组建观众评委，如讲故事比赛可以以现场投票方式选出最佳队伍。

体验类活动让每一位学生近距离接触数学,应用数学。体验性数学可以采用嘉年华摊位闯关竞赛形式,给每一位学生一张竞赛收集体验勋章卡。以独立完成或者与同伴合作方式,运用所学的数学知识,数学思维方法,数学策略等攻克各摊主设计的数学思维问题,真正体验到玩中学,学中乐。

(二)"臻美数学节"的评价要求

数学节的评价体系坚持可持续发展的原则,关注学生经历重要数学活动的过程,即学生对数学知识的理解、演绎、表现。可采用学生互评与教师评价相结合的评价体系来考核学生呈现的作品。具体从设计启迪、呈现效果、创新创意三个维度进行指导。学生多样化的作品呈现形式,都代表着他们对数学的理解,对数学的态度。只要是积极的、有意义的、对自己或他人有所启发的,教师都应该用多种方式肯定不同层次学生的成绩,鼓励学生的创意,点燃学生学习数学的兴趣。

数学嘉年华摊位体验活动,可以以学生收集闯关勋章的数量为量化标准,根据数量的多少获得相应的奖励(见图2-2:深圳市水库小学"臻美数学节"竞赛闯关活动体

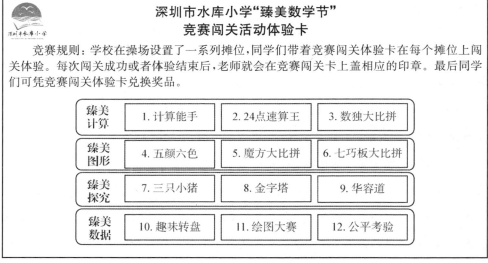

图2-2 深圳市水库小学"臻美数学节"竞赛闯关活动体验卡

验卡）。当然，对于闯关数量较少的学生，教师需要及时、适时进行干预，特别注重非智力因素对学习的导向、维持和强化作用，如与人合作，兴趣爱好，坚持不懈等。

四、 打造"臻美作业"，实现数学课程延伸

"臻美作业"旨在打造低负高效的学习巩固、拓展形式，有利于学生身心发展，有效降低教师工作负担。

（一）"臻美作业"的实施

"臻美作业"针对不同年级采用"指定＋创意"制定思路。一、二年级可以指定作业内容，旨在培养低段学生的规范书写、认真计算、卷面工整的良好学习习惯，如统一书写竖式计算或者递等式计算；三、四年级作业内容可指定，可自选，旨在进一步加强抽象思维能力，使得学生从具体思维平缓过渡到抽象思维，如用图示的方式来解释解题的过程，也可用自己喜欢的方式解决；五、六年级作业内容自选，不限形式，旨在培养学生归纳总结能力以及创新创造能力，如给出一道数学实际问题，在解决后，将相关的知识内容设计成思维导图附后。

（二）"臻美作业"的评价要求

定期举办班级评选活动，将优秀作业选送至学校数学科组制成作业展，于数学节活动期间进行全校性展示。如下表所示（见表2-5：教师作业设计评选活动表）。

表2-5　教师作业设计评选活动表

姓名：	学科：	作业标题：
一、设计意图		

续表

二、作业内容(学生看到的作业要求)
三、作业布置注意事项(除了把作业要求留给学生,还有什么要注意?)
四、作业作品(以图片形式部分展示)
五、实践后反思
总体评价:

　　综上所述,"臻美数学"以《义务教育数学课程标准(2011年版)》为课程建设的依据,着眼培育发展学生数学核心素养,通过课程设置、评价引领,让学生从基础知识、基本技能、基本思想与基本活动经验,全方位、立体地践行"做数学",激活学生的思维,淬炼学生的理性与逻辑,从而最充分地让每一个学生蓬勃生长。

(执笔人:刘振雄、邓育周、苏新杰、柯菲)

第三章

动感英语： 赋予语言学习以美妙的旋律

　　法国文艺复兴后期思想家蒙田说:"语言是一种工具,通过它我们的意愿和思想就得到交流。它是我们灵魂的解释者。"掌握交流工具,形成跨文化意识,促进思维发展是英语学习的需求,更是我们"动感英语"的期望。我们力求通过充满动感的英语课程,让学生获得丰盈的学习体验,形成初步的综合语言运用能力。

深圳市水库小学英语科组现有教师 22 人,其中一级教师 15 人,二级教师 6 人,其中市教科院英语教研中心组成员 1 人,区科研骨干 1 人,区教坛新秀 2 人。1 人曾获广东省"一师一优课、一课一名师"活动省级"优课",3 人曾分别获区小学英语教学技能大赛一、二等奖。我们有着经验丰富、成绩显赫的指导力量,有着精神饱满而富有战斗力的中坚力量,还有年轻而富有冲击力的后备力量,这使我们英语组形成了平衡而有力的发展链条。英语科组坚持"赋予英语学习智慧的动感"的课程理念,按照学校制定的课程计划,凝聚团队合力。教研组精心策划各种主题性强的课内外活动;认真承办区级英语教研活动,积极参加深圳市教科院组织的各项教研活动,硕果累累。回首过去,展望未来。英语科组全体教师将继续保持优势,加强交流,拼搏进取,将自身的聪明才智融入到教学中,将充分挖掘潜能,喷洒于光辉的教育事业中,憧憬和创造美好的未来。

课程哲学与价值追求　让语言学习充满生命的质感

一、 学科价值观

《义务教育英语课程标准(2011 年版)》提出:"就工具性而言,英语课程承担着培养学生基本英语素养和发展学生思维能力的任务,即学生通过英语课程掌握基本的英语语言知识,发展基本的英语听、说、读、写技能,初步形成用英语与他人交流的能力,进一步促进思维能力的发展,为今后继续学习英语和用英语学习其他相关科学文化知识奠定基础。就人文性而言,英语课程承担着提高学生综合人文素养的任务,即学生通过英语课程能够开阔视野,丰富生活经历,形成跨文化意识,增强爱国主义精神,发展创新能力,形成良好的品格和正确的人生观与价值观."①基于英语课程的工具性和人文性,我们认为英语课程的核心价值应是体现出以语言能力、思维品质、文化品格和学习能力四个方面为主要内容的英语学科核心素养。因此我们以"动感英语课堂"为平台,发展学生英语学科核心素养。

二、 学科课程理念

根据《义务教育英语课程标准(2011 年版)》的文件精神,提出我校英语学科的核心课程理念:"动感英语"。我们期待用动感的英语课程,让教育充盈生命质感。所谓"动感英语",就是通过鲜活的语言感知,丰富的文化魅力,形式多样的学习体验,让学生"动"起来,真正全身心"卷入"英语学习的过程。

"动感"对于学生来说,"动"就是充分调动眼睛、耳朵、手、嘴巴、脑等各种器官,激发学生情感上的参与,触其心动、情动。"感"是一种内在的学习状态,主要指开悟启智、明理求真、思考感悟、以情促知、以知怡情。

我们将结合以往课程设计、课堂教学、社团活动、英语节等方面的零碎式的研究进行归整化、聚合化、系统化,构建科学英语课程图谱,从而实现从学科到课程层面的提升。为此我们结合 PRT 项目,以玩中学(LEARNING BY PLAYING),读中学(LEARNING BY READING),思中学(LEARNING BY THINKING)为轴承,打造以学生为主体的英语课堂,创设生动真实的应用情景,搭建积极分享交流的平台,从而使学生在生动的活动中、在海量的阅读中、在英语思维训练中成长,从而把原本静态的知识内容,激活成动态的立体的英语学习阵地。我们认为"动感英语"犹如跳动的音符,吸引每位老师投身课程建设中来,使每位学生在英语学习上"动"起来,让英语课程真正焕发智慧的活力。

---

① 中华人民共和国教育部. 义务教育小学英语课程标准(2011 年版)[S]. 北京:北京师范大学出版社,2012: 2.

课程目标与核心素养　形成初步的综合语言运用能力

为了实现课程目标,依据《义务教育英语课程标准(2011 版)》,结合英语学科核心素养,我们确定"动感英语"课程总体目标和年段目标。

一、 学科课程总体目标

《义务教育英语课程标准(2011 年版)》指出义务教育阶段英语课程的总目标是:"通过英语学习使学生形成初步的综合语言运用能力,促进心智发展,提高综合人文素养,综合语言运用能力和形成建立在语言技能、语言知识、情感态度、学习策略、和文化意识等方面整体的发展基础之上。语言技能和语言知识是综合语言运用能力的基础;文化意识有利于正确地理解语言和得体地使用语言;有效的学习策略有利于提高学习效率和发展自主学习能力;积极的情感态度有利于促进主动学习和持续发展。这五个方面相辅相成,共同促进学生综合语言运用能力的形成与发展。"[1]

以语言技能、语言知识、情感态度、学习策略和文化意识五个方面共同构成的英语课程总目标,不仅体现了英语学习的工具性,也体现了其人文性;既有利于学生发展语言运用能力,又有利于学生发展思维能力,从而全面提高学生的综合人文素养。

二、 学科课程分级目标

依据《义务教育英语课程标准(2011 年版)》分级目标,我校确定"动感英语"课程

---

① 中华人民共和国教育部. 义务教育小学英语课程标准(2011 年版)〔S〕. 北京:北京师范大学出版社,2012:8.

1—6 年级具体目标。这里以六年级课程目标为例（见表 3 - 1）。

表 3 - 1 "动感英语"课程六年级目标表

六年级上册 Unit1—12	Language focus
Unit1 Growing up	1. 能听、说、读、写本课的核心词汇 month, cute, handsome, pretty, grow up。 2. 能用 He/She was ... His/Her ... was/were ... 介绍某人过去某个阶段的年龄和特征。 3. 通过引导学生介绍自己或家人不同成长阶段的外貌特征，帮助学生初步运用核心句型。 4. 乐于接触并了解别人的生活与成长，体验成长与生活带来的快乐。
Unit2 My summer holiday	1. 能听、说、读、写本课的核心词汇：famous, during, spend, everyone, countryside。 2. 能用以下的句型进行恰当描述： How was your summer holiday? It was wonderful. We went to the Great Wall. Everyone had a good time. 3. 通过文本的学习，乐于表达与分享暑假的乐趣。
Unit3 Healthy or unhealthy?	1. 能听、说、读、写本课的核心词汇： healthy, unhealthy, hamburger, fruit, pie, pizza, sandwich, vegetables, chicken, chocolate, a little。 2. 能在情景中熟练运用核心句型： — What did you have for breakfast this morning? — I had some bread and milk. 3. 在角色扮演中有较强的自信心，敢于用英语进行交流和表达。
Unit4 Our neighbours	1. 能听、说、读、写本课的核心词汇： neighbour, son, daughter, noisy, dig, make a noise。 2. 能熟练掌握核心句型： — Did you play with Sam last weekend? — Yes, I did. Do you know them? 3. 询问别人邻居的情况及邻里关系，体会邻里关系的重要性。 4. 通过文本的学习，学生能在实际生活中辨证地看待邻里关系。
Unit5 Animals in danger	1. 能听、说、读、写本课的核心词汇： thousand, hundred, wild, way, die, learn, send, in danger, in the past, take care of。 2. 能熟练掌握核心句型： In the past, there were many pandas. What can we do to help them? 3. 了解动物是人类的朋友，人类应该和动物建立良好的关系，要保护动物。

六年级上册 Unit1—12	Language focus
Unit6 E-friends	1. 能听、说、读、写本课的核心词汇：e-friend，country，other hobby，would like。 2. 能熟练掌握核心句型： Would you like to have e-friends in othercountries? I'd like to know about . . . Please write back soon. 3. 运用英语知识结识外国笔友，体会用英语交流的乐趣。
Unit7 Seeing a film	1. 能听、说、读、写本课的核心词汇：shall，police，exciting，boring，next time。 2. 能熟练掌握核心句型： — Shall we go and see a film this weekend? — Sure. What would you like to see? What is it about? 3. 能礼貌地向别人发出邀请或建议。
Unit8 Visiting museums	1. 能听、说、读、写本课的核心词汇：bee，insect，ant，kind。 2. 能熟练掌握核心句型： What did you see at the museum? I saw a lot of interesting cars. I bought a toy bee. 3. 能读懂关于参观博物馆的对话。
Unit9 Great cities of the world	1. 能听、说、读、写本课的核心词汇：capital，north，south，east，west，Beijing，London and Tokyo。 2. 能熟练掌握核心句型： How long does it take to get to Shanghai from Beijing by train? It takes about five hours. 3. 能介绍城市的地理位置。
Unit10 Air	1. 能听、说、读、写本课的核心词汇： air，everywhere，alive，smoke，factory，dirty，clean，plant。 2. 能熟练掌握核心句型：It keeps them high in the sky. 3. 读懂描述空气污染的对话。
Unit11 Trees	1. 能听、说、读、写本课的核心词汇：wood，cool，match。 2. 能熟练掌握核心句型： We get wood from trees. We use wood to make pencils. 3. 了解树的重要性，增强环保意识。

六年级上册 Unit1—12	Language focus
Unit12 The Earth	1. 能听、说、读、写本课的核心词汇： earth, forest, ocean, land, part, rubbish, so many。 2. 能熟练掌握核心句型： We should stop cutting down so many trees. 3. 通过学习,增强环保意识,提出环保建议。
六年级下册 Unit1—12	Language focus
Unit1　You and me	1. 能在语境中正确运用本单元的核心词汇,复习已学过的核心词汇。 2. 能用恰当的句型说说自己的身高、体重,介绍自己的课余生活,说说自己居住的环境 3. 根据字母 a, a-e, ai, ay, eigh, i, i-e, y, igh, ie 的发音规律,能拼读简单的单词。 4. 通过情景设置和角色扮演,描述自己的身高,体重和介绍自己的课余生活。 5. 能理解和尊重来自不同文化背景的人。
Unit2　Changes in our lives	1. 帮助学生学习 Look and learn 中的生词。 2. 复习以前学过的表示各种职业的词汇。 3. 通过 Listen and say 的短文复习一般过去时和一般现在时,对比过去和现在在工作方式的不同。 4. 教师通过图片帮助学生认识新词。 5. 教师通过多媒体辅助呈现教学,帮助学生感知一般过去时及一般现在时的区别。 6. 通过文本的学习,学生能在实际生活中辩证地看待生活中的各种变化,明白变化的利弊。
Unit3 Our school in the future	1. 能在语境中正确运用本单元的核心词汇,复习已学的相关核心词汇。 2. 能听懂有关描述未来学校话题的对话。 3. 能用一般将来时对未来学校进行描述。 4. 根据字母 m, n, ng, n(k), n(g) 的发音规律,能拼读简单的单词。 5. 通过小组合作,培养学生乐于交流,乐于分享展示及团队的精神。
Unit4 Art	1. 通过 listen and say 的情景对话,帮助学生复习一般将来时句型及 Which 疑问句,谈论喜欢的美术作品。 2. 通过 Look and learn 的学习,帮助学生学习生词。 3. 通过 Ask and answer 的问答练习,帮助学生初步运用核心句型,引导学生表达喜欢某样东西的理由。 4. 通过了解名画家的成长故事培养学生的美感以及发现生活中的美。

六年级下册 Unit1—12	Language focus
Unit5 Crafts	1. 能在语境中正确运用本单元的核心词汇。 2. 能写出做某件手工作品所需要的材料。 3. 根据字母组合 air，ere，ear，are，ure，our，oor 的发音规律，能拼读简单的单词。 4. 能在语言学习过程中，提高动手能力。
Unit6 PE lessons	1. 能在语境中正确运用本单元的核心词汇。 2. 能用合适的句型介绍体育课的基本情况。 3. 根据字母 y，h，w，wh，l，r，rr 的发音规律，能拼读简单的单词。 4. 能在运用英语知识完成任务的过程中，了解学校体育课的基本情况，热爱体育运动。 5. 能初步了解奥运会的基本知识，如五环标志等。
Unit7 Helping others	1. 能听、说、读、写核心词汇：praise。 2. 能用合适的句型询问他人遇到的麻烦，并描述自己能够提供哪些帮助。 3. 以听、读、说、写等方式推动对语言的感知和理解。 4. 在分角色表演中体会学习英语的乐趣，鼓励学生在情境对话中学到乐于助人的快乐，同时体会帮助他人也是让自己快乐的途径。
Unit8 Reading signs	1. 词汇学习：in the middle, look out, no smoking, no swimming。 2. 通过 Listen and say 的情景对话，帮助学生复习句型 must 的用法，了解不同地区的标识。 3. 在公共场所遵守规则，做文明公民。 4. 学会识别公共场所标志，并描述其含义，学会遵守规则，做一个文明懂礼的学生。
Unit9 Reusing things	1. 词汇学习：throw away。 2. 句型复习： We can reuse many old things. Then it'll be a vase! 3. 通过 Listen and enjoy 的儿歌，让学生感受语言的韵律，导入旧物再利用的话题。 4. 培养环保意识，重复利用旧物。
Unit10 Great storybooks	1. 能在语境中正确运用本单元的核心词汇，复习已学相关核心词汇。 2. 能简单介绍自己喜欢的经典故事或名著。 3. 初步了解句子语调的基本知识，能用正确的语调朗读句子。 4. 了解著名童书的相关背景，培养阅读的兴趣。 5. 培养学生跨文化交流的意识，能够初步形成跨文化交际的能力。

续表

六年级下册 Unit1—12	Language focus
Unit11 Western festivals	1. 句型复习： At Easter，children usually eat chocolate eggs. Halloween is on 31st October. 2. 通过 Listen and say 的短文阅读，了解四个重要的西方节日。 3. 了解西方主要节日风俗文化。 4. 通过观察体会，引导学生找出描述过去的活动时，动词要有变化。 5. 通过学习西方重要传统节日的活动和意义，学习西方人对节日的重视。
Unit12 The five peas	1. 能在语境中正确运用本单元的核心词汇和句型：see the world，one by one Five peas lived together in a pod. We'll leave this pod and see the world. 2. 通过阅读学习完整故事，帮助学生感受五颗小豌豆的命运变化，激发阅读兴趣。 3. 通过故事阅读，对自己未来有所思考与规划。 4. 学会与他人合作，激发学生学习兴趣以及懂得如何树立合理的理想。

课程框架与目标匹配　满足儿童多元的语言学习需求

《义务教育英语课程标准(2011 年版)》指出："英语课程体系以培养学生的综合语言运用能力为目标，根据语言学习的规律和义务教育阶段学生的发展需求，从语言技能、语言知识、情感态度、学习策略和文化意识五个方面设计课程总目标和分级目标。"[①]

一、学科课程结构

根据《义务教育英语课程标准(2011 年版)》以及小学生的学习特点和发展需求等

---

① 中华人民共和国教育部. 义务教育小学英语课程标准(2011 年版)[S]. 北京：北京师范大学出版社，2012：5.

因素,我校的"动感英语"学科课程分为阅读课程、艺术课程、活动课程三大类,具体结构如下(见图3-1)。

图3-1 "动感英语"课程结构图

(一) 阅读课程

1. 绘本分级阅读。本课程内容为《培生儿童英语分级阅读》系列绘本。英语分级绘本读物,相对于课本教材,语言鲜活地道,主题丰富,贴近学生生活,富有情境。"现有英语课本所提供的阅读量有限,学生需要补充适合不同阶段认知发展需求和语言发展水平、题材和体裁丰富的读物,特别是能够在教师的指导下,逐步发展各种阅读策略,养成良好阅读习惯"。① 因此,我们开展的英语分级绘本阅读教学,涵盖不同级别和主题的英语分级读物,循序渐进地满足学生多元化的阅读需求,让学生在阅读的过程中欣赏语言之美,体验阅读乐趣,以此培养学生良好的阅读习惯。良好的阅读体验有助于提升学生英语阅读能力和发展学生思维品质,培养学生的跨文化意识。

2. 报刊阅读。本课程内容为《二十一世纪学生英文报》小学版。《义务教育英语

---

① 王蔷等.小学英语分级阅读教学:意义、内涵与途径[M].北京:外语教学与研究出版社,2012:15.

课程标准（2011 年版）》指出要合理开发和积极利用课程资源，为学生提供贴近生活，贴近时代的学习资源。充分利用音像、广播、书报杂志等，拓展英语语言学习的渠道。因此，本校选择《二十一世纪学生英文报》小学版作为英语阅读课程内容。该报刊设有 Front Page，Picture This，Super Science，Magic World，Animal Secret，My Stage，Dino Club 和 Story Land 等专栏。它是一份以趣味时事、文化知识和卡通故事为主要内容的学习周报，语言真实地道，内容生动有趣。该英文报刊不仅丰富了学生的知识面，拓宽了学生的国际文化视野，同时也有助于培养学生的阅读策略、提升学生的阅读理解和语言表达能力。

（二）艺术课程

艺术课程主要是各个年段的学生的语言实践活动，包括乐唱歌曲、英语电影世界、英语小剧场等不同形式的活动主题。我们旨在通过歌曲、电影、课本剧等课程，满足不同层级学生的学习特点和学习需求，提升学生的艺术素养，跨文化意识，增强语言表达及合作能力。艺术课程的具体内容如下：

乐唱歌曲课程是英语和音乐的结合，轻快的节奏、优美的旋律、简单的歌词，具有独特的魅力，能让孩子朗朗上口并反复哼唱，从而提高学生口语水平并增强英语语感和韵律感。在课程教学过程中，教师为学生创造充满美妙旋律的教学氛围，引导学生欣赏音乐与语言相融合的魅力。通过英语歌曲教学，学生在轻松活泼的氛围中习得语言，扩宽英语语言学习渠道。

英语电影世界的课程以赏析英文电影为主，通过赏析和学习英文电影，激发学生学习兴趣，培养学生的英语视听说技能和语言表达能力。同时，帮助学生更好地了解西方国家的文化、习俗、生活习惯，培养学生的跨文化意识。

英语小剧场的课程目标旨在通过创编和表演课本剧，激发学生学习的积极性和自主性，提升学生的语言表达能力、舞台表现力，发展学生思维能力，培养学生的合作能力和创新意识。

(三) 活动课程

活动课程以校园英语文化节和中西方节日为载体,营造浓郁的英语学习氛围,激发学生学习英语的兴趣,拓展学生的文化视野,为学生的语言实践和自主学习提供展示的舞台。丰富多彩的一系列活动面向全体学生,重在过程体验,力求做到人人参与,人人有收获。让孩子们在轻松愉悦的活动中感受英语,学习英语,运用英语,体验到成功的快乐,从而激发学习兴趣和动力,并树立英语学习的自信心。

二、 学科课程设置

结合《义务教育英语课程标准(2011 年版)》,我校实际情况以及不同层次学生的学习需求,1—6 年级"动感英语"课程结构设置如下(见表 3‑2)。

表 3‑2　英语学科"动感英语"课程设置表

年级	课程 / 学期	阅读课程	艺术课程	活动课程
一年级	上学期	Phonics Fun 趣味拼读 1	Beautiful Songs 乐唱歌曲	英语创意字母画 英语文化节
	下学期	Phonics Fun 趣味拼读 2	Beautiful Songs 乐唱歌曲	自然拼读歌谣比赛
二年级	上学期	Phonics Fun 趣味拼读 3	Beautiful Songs 乐唱歌曲	亲子绘本分享 英语文化节
	下学期	Phonics Fun 趣味拼读 4	Beautiful Songs 乐唱歌曲	英语歌谣比赛
三年级	上学期	Phonics Fun 趣味拼读 5	Movie World 电影世界	英语书法比赛 英语文化节
	下学期	Phonics Fun 趣味拼读 6	Movie World 电影世界	英语趣配音 Spelling Bee 拼词大赛

续表

年级＼课程＼学期		阅读课程	艺术课程	活动课程
四年级	上学期	Reading Time 悦读绘本 1	Movie World 电影世界	创意书签设计 英语文化节
	下学期	Newspaper Time 乐读报刊	Movie World 电影世界	英语趣配音 创意思维导图
五年级	上学期	Reading Time 悦读绘本 2	English Theatre 英语小剧场	绘本创作比赛 英语文化节
	下学期	Newspaper Time 乐读报刊	English Theatre 英语小剧场	课本剧展演 I am a singer 我是歌手
六年级	上学期	Reading Time 悦读绘本 3	English Theatre 英语小剧场	心水绘本我推荐 Flea Market 跳蚤市场
	下学期	Newspaper Time 乐读报刊	English Theatre 英语小剧场	课本剧展演 Food Festival 美食节

课程实施与评价支撑　开展丰富多彩的英语学习活动

《义务教育英语课程标准（2011 年版）》指出通过英语学习使学生形成初步的综合语用能力，促进学生心智发展，提高其综合人文素养。因此，本校英语课程体系以培养学生的综合语言运用能力为最终目标，根据学生语言学习的规律和发展需求，有效整合课程资源，从语言技能、语言知识、情感态度、学习策略和文化意识五个方面设计整体课程目标和分级目标。学生通过参与、体验、合作、展示交流等多种形式，调动多种感官进行学习，真正全身心"卷入"英语学习的过程。课程实施的过程要通过每一节课或每一项活动来逐步完成。因此，英语课程从建构"动感课堂"、倡导"动感英语"、开展"动感社团"、完善"动感文化"、举办英语文化节等方面进行实施。

一、 建构"动感课堂"，提升学科课程品质

建构符合我校英语学科实际的"动感课堂"，主要包含基本要求和评价方式两个方面。

（一）"动感课堂"的基本要求

动感英语课堂遵循"突出学生主体地位，注重学生过程体验，培养学生核心素养"三大基本要求。

"突出学生主体地位"：教师在教学中以学生为主体，面向全体学生，充分考虑学生的学习特点，生理和心理发展需求，关注学生的认知特点和风格差异。尽量满足不同学生的学习需求，优化课堂教学效率。

"关注学生过程体验"：《义务教育英语课程标准（2011年版）》强调语言学习的实践性和应用性，主张学生在语境中体验、理解、学习和运用语言。学生在教师的指导下，通过体验、实践、参与和合作等方式，发现语言规律并完成任务，逐步掌握知识和技能，从中获得积极的情感体验，形成有效的学习策略和自主学习能力。因此，教师应将英语教学和学生的真实生活联系起来，为学生营造生活化的情境。通过亲身体验和实践的方式，学生不仅能够获取知识与技能，同时也激发了学习的积极性与参与性，培养了语言实践能力和合作能力，进而提升其综合素养。

"培养学生思维品质"：利用课程提供的平台，通过各种语言学习活动来促进学生核心素养的发展，即培养学生的必备品格（思维品质和文化品格）和关键能力（语言能力和学习能力）。这一素养体系是英语学科育人价值的集中体现。

（二）"动感课堂"的评价方式

评价是英语课程的一个重要组成部分。科学的评价体系为课程目标的实现提供了切实保障。"动感课堂"的评价以《义务教育英语课程标准（2011年版）》的目标与要求为依据，教师采取形成性评价和终结性评价有机结合的评价方式，既要关注学生学

习的过程，也要关注其学习结果。为了使评价更加客观和公正，评价的主体应该多元化，可以是教师评价，学生自评，同伴互评，家长评价等方式。教师应根据教学实际，采用灵活多样的，适合学生和教学的评价方式与方法，优化促进课程的有效实施。"动感课堂"具体评价方式如下：

1. 形成性评价。"形成性评价包括口头和书面的形式，包括教师观察学生课上各种活动表现的记录表、学生学习档案、学生阶段性地对自己在听说读写技能发展方面的认识和评价、小组共同完成任务的报告等"。[①] 例如：通过观察和分析进行评价，包含课堂学习行为观察量表（见表3-3），课堂讨论记录；通过合作与交流的方式进行评价，如同学互评报告、小组讨论互评等。

表3-3 学生课堂学习行为观察量表

学生姓名： 班级： 日期：

观 察 内 容	经常	一般	很少
1. 课前做好预习准备工作。			
2. 认真倾听老师的讲课。			
3. 用心倾听同学发言或进行评价发言。			
4. 对教师提出的问题经常主动回答。			
5. 积极参与小组活动，能够与他人合作。			
6. 善于思考，能够主动表达自己的看法。			

除此之外，教师还为学生建立英语成长记录袋（见表3-4），以此来客观反映学生在一个学期以来的努力、进步、成就及问题。英语成长记录袋主要包括学生的学习成果和学习表现记录，如阅读笔记，手抄报、思维导图、英文绘本等代表性的学习成果；在歌曲演唱、电影配音、课本剧表演等活动中的表现情况，以及学生、同伴、教师或家长的评价表。学生是成长记录袋的主要参与者，教师应积极发挥学生主体地位，指导学生

---

① 王蕾，孙琳，程晓堂等. 小学英语课程体系整体创新的实践与探索[M]. 上海：上海教育出版社，2012：71.

有计划地对成长记录袋进行过程性作品的收集、描述或记录,增强学习积极性和自主性。形成性评价可以采用文字描述、等级评定等记录方式。

表 3‑4　学生成长记录袋

学生姓名:　　　　　　　　　　　　　　　　　　　　　　　　　日期:

关于收集作品的描述:
学生意见 我选择该作品的原因:
教师意见 所选作品优点与不足: 所选作品不足/改进之处:

2. 终结性评价。终结性评价是在一个学习阶段结束时,教师采取等级制或者达标方式记录学生成绩,对学生学习结果做出的评价。通常以口试、听力和笔试相结合的方式,如期末考试、毕业学业考试等,主要考查学生综合语言运用能力。

二、 倡导"动感英语",培养学生良好学习习惯

学校依据英语课程校本化实施方案,围绕课程主题开展形式多样的学习活动,增加学生通过参与、体验、合作、探究、交流等形式接触和学习英语的机会,使学生在听说读写方面获得全面发展。《义务教育英语课程标准(2011 年版)》指出:"语言技能是语言运用能力的组成部分,主要包括听、说、读、写等方面的技能以及这些技能的综合运用。听和读是理解的技能,说和写是表达的技能。"[①]因此我们主要从听说读写这四个方面来培养学生良好的英语学习习惯。

---

① 中华人民共和国教育部. 义务教育小学英语课程标准(2011 年版)[S]. 北京:北京师范大学出版社,2012:12.

（一）英语学习习惯内容

1. 善于倾听。从一年级开始，要求学生每天坚持听读英语至少 20 分钟，不仅有课文内容的听读、跟读、指读、认读，还包括英语歌谣歌曲、英语绘本、英语动画等。每个学生都有一份听读记录表，由家长和学生共同记录每天的听读情况，并进行自我评价和家长评价，教师定期给予坚持每日磨耳朵的学生相应的奖励，并给表现突出的学生颁发"英语听读之星"证书。同时，教师要引导学生学会倾听，在课堂上，学生要明确：不管你倾听的对象是老师还是同学，在倾听时，必须停下手中的任何事情，把目光聚焦在发言对象的身上，认真倾听。倾听他人发言时，不随意插嘴打断他人话语，认真思考，在听完他人讲话后再表达自己想法。在小组合作展示过程中，当有小组成员在台上展示汇报时，其他小组成员要根据评价量表的语音语调、情感、动作、仪态等方面，带着评价任务认真倾听，而后进行生生评价。学会倾听，才能更加高效地参与英语课堂活动，激活思维，获取知识，提升学生的语言表达能力和思辨能力。

2. 乐于表达。口语表达是英语学习中重要的内容，在课堂内外，教师要鼓励和引导学生敢于开口，乐于表达。本校艺术课程包括乐唱歌曲，英语电影世界，英语小剧场等不同形式的活动主题。为各个年段的学生提供大量生动地道、语境丰富的语言输入，培养学生的语感和听说能力，提升学生的艺术素养，跨文化意识，增强语言表达能力。形式多样的活动课程，倡导全员参与、体验、合作，让学生通过动眼、动耳、动口、动手、动脑，充分调动身体器官，激发积极的情感体验，让学生"动"起来，全身心"卷人"英语学习的过程。课后学生可以选择喜欢的歌曲、绘本、动画、电影片段，模仿并进行配音打卡分享。教师结合学生课内外表现进行综合评价，评选出班级"英语口语小达人"，让英语学习充满趣味性和挑战性。

3. 悦享阅读。低年段鼓励学生坚持每日听读跟读模仿，通过小打卡和爱配音等方式激发学生英语学习兴趣，让学生主动参与学习活动，乐于开口读英语。中高年段在乐读的基础上要培养学生良好的阅读习惯。在培养学生进行英语阅读过程当中，面临三大问题：阅读资源有限、阅读语言支撑不足以及阅读兴趣缺乏。学校充分利用学校图书馆，阅览室，班级英语绘本阅读角等资源，结合英语绘本分级课程和报刊阅读课程,并以一系列形式多样的竞赛活动,如阅读分享会、好书推荐卡、阅读积分制、阅读之星评比等活动,丰富学生的英语阅读体验,激发学生阅读兴趣,培养学生的阅读习惯和思维品质,使"生活英语化"的现象逐渐变为"英语生活化",帮助学生将英语阅读变成一种习惯,而不是一项任务。

4. 乐写创作。小学英语阶段,要求学生正确书写字母、单词、句子;能根据图片、词语或例句的提示,写出简短的语句,编写简单的英语小故事。教师会根据每单元的主题,指导学生进行作文、手抄报、思维导图或绘本创作,要求图文并茂,书写美观,内容充实富有创意。此外,学校每年举行的英语文化节创新作业展示活动,全校人人参与,不同年段有着不同的活动主题,优秀作品会展示在班级展示区或学校宣传栏,为学生们提供了展示英语书写才能的舞台。

(二)英语学习习惯评价要求

我们主要从听、说、读、写四个方面对学生良好的英语学习习惯进行评价,具体评价内容如下(见表3-5)。

表3-5 "动感英语"学习习惯评价表

评 价 内 容		自评 ☆☆☆	互评 ☆☆☆	师评 ☆☆☆
听	认真完成每日听读跟读,并进行听读表记录			
	课堂倾听老师讲课,同伴发言			
说	良好的语音语调			
	认真完成口语打卡作业			
读	流畅朗读所学课文			
	坚持每日阅读,认真完成阅读记录表			
写	正确地书写字母、单词和句子			
	书面作业整洁规范得体			

三、 开展"动感英语"社团，培养学生兴趣爱好

为了丰富学生的校园文化生活，充盈学生的学习体验，提高学生的语言综合运用能力，学校成立了"动感英语"社团。乐趣无穷的英语社团，让学生们有了一个展示自我的平台，在学习的过程中获得情感的体验、能力的提升，在参与中获得自信、学会表达与合作。

（一）"动感英语"社团的基本类型

"动感英语"社团包括乐唱歌曲 Beautiful Songs Club、英语电影世界 Movie World Club、英语小剧场 English Theatre Club 等英语社团。

我们在二年级开设乐唱歌曲社团 Beautiful Songs Club，由外教主持，旨在让孩子们在轻松欢快的氛围中学习英语歌谣，节奏感十足和韵律感优美的歌谣不仅可以培养孩子的英语语感和音乐的乐感，同时提升其艺术素养。

我们在三四年级开设英语电影世界社团 Movie World Club，旨在让学生在原版英语电影中感受英语的魅力，课堂上，教师运用"赏、析、模、演、配、编"六个教学步骤，锻炼和提升孩子们的口语表达能力和舞台表演能力，促进学生的语言学习，文化及艺术的熏陶。

我们在五六年级开设英语小剧场 English Theatre Club，以英语绘本为载体，选择生动有趣的小故事，孩子们将课内外绘本故事改编成英语小短剧，结合音乐、动作、服装道具等辅助手段，将静态故事演绎成动态场景。学生通过扮演不同的故事角色，体验角色情感，感受语言的魅力，从而提升语言的综合运用能力。

（二）"动感英语"社团的评价要求

在"动感英语"社团活动中，我们从课堂学习、小组合作、成果展示、学习态度四个方面对社团成员进行评价，具体评价要求如下（见表 3-6）：

表3-6 "动感英语"社团评价表

评价内容		自评 ☆☆☆	互评 ☆☆☆	师评 ☆☆☆
课堂学习	积极参与课堂活动			
	课堂注意力集中,听讲认真			
小组合作	与同伴积极合作交流			
	会认真倾听他人意见			
成果展示	良好的语音语调			
	表现大方,自然得体			
学习态度	按时上课,不迟到早退			
	认真完成布置的任务			

四、 完善"动感文化",营造英语学习氛围

校园是学生学习、生活的主要场所,合理并充分地利用校园、教室、宣传栏、广播室等场所,能让学校的每一个角落都体现出英语特色文化,让全校师生在耳濡目染中感受到浓郁的英语学习氛围。在学校现有图书馆和阅览室的基础上,创建英语绘本阅读角、成立动感英语广播站,建设英语文化墙。具体做法如下:

(一)创建英语绘本阅读角

《义务教育英语课程标准(2011年版)》在语言技能分级标准中对学生在不同等级需达成的阅读标准提出了明确的要求。英语课程改革方向指出英语学科核心素养的培养,即对语言能力、文化品格、思维品质和学习能力的培养。在这一背景下,英语阅读对提升学生核心素养的意义也更加突出。大量研究表明,增加英语阅读输入量对于提升学生的语言能力、培养学生的思维品质、塑造良好的文化品格、促进学习能力的全方位发展都具有十分重要的作用。因此,我们建立英语绘本阅读角,同时定期开展阅

读分享会、读书报告展示、阅读之星评选活动，创造良好的阅读环境和平台，引导学生积极主动地开展阅读。英语绘本书目的选择依据不同年段学生的学习水平和发展需求，有知名国内外出版社出版的、曾获国际大奖绘本或者绘本大师创作的绘本等。小小图书角的建立，为学生开辟了大大阅读世界，形式多样，内容丰富有趣的课外阅读活动不仅可以拓展学生的视野，而且有利于培养学生良好的阅读习惯和兴趣，促进学生综合素养的提高！

（二）成立动感英语广播站

为了丰富学生的校园文化生活，开阔学生的视野，同时给学生提供展示才能的平台，学校将成立动感英语广播站。动感英语广播站将成为展示小学生英语风采、彰显学校英语特色的一个宣传阵地。它的形式丰富多样，贴近学生生活。如："Story Time"栏目播放经典绘本故事，由学生或外教朗读；"Daily English"栏目播放贴近学生生活实际的不同场合的日常对话或者每日热点新闻，让学生学会简单的日常交际用语和了解最新时事；"Culture Corner"栏目介绍中西方礼仪节日习俗等文化知识，培养学生的跨文化意识；"Song Time"栏目播放一些经典的或者学生喜爱的英文歌曲，让学生轻松愉悦地享受并学唱英文歌曲；"Show Time"栏目为学生的个人才艺展示时间，如演唱英语歌曲，朗读诗歌或绘本，电影配音展示等。

（三）建设英语文化墙

校园中一景一物，皆有教育含义。为了加强"动感文化"建设，营造良好的育人环境和文化氛围。"英语文化墙"将学校走廊、学校宣传栏、班级教室墙壁角落设为英语"动感文化"的展示阵地。英语文化墙建设的开展，不仅使得校园更加美观，也是师生展示自我的舞台。它呈现出师生健康向上、创新发展的良好精神风貌，真正实现让每一面墙壁会说话，让每一处角落能育人。英语文化墙具体内容包括走廊英语文化墙、班级英语文化墙和宣传栏英语文化墙。走廊英语文化墙是指教学楼走廊上依据楼层所在学生学段设计的英文字母墙、英文诗歌墙、格言警句墙；校内所有的标语牌、指示牌、宣传栏等都使用双语，让学生在课余时间也能接触到英语，让英语更加生活化。班级英语文化墙是指每个班级发挥创意设计英语角，用来展示学生学习英语过程中完成的特色英语作品，激发他们的学习积极性，使学生感受到学习的快乐、知识的魅力。宣传栏文化墙是指学校宣传栏的展示，既有师生教学活动剪影，又有学生优秀作品，充分展示了全体师生积极向上的精神风貌。

五、 举办英语文化节，体验英语学习的快乐

根据《深圳市罗湖区深化教育领域综合改革实施方案（2018—2020）》和我校实际情况，每学年开展一次英语文化节。英语文化节不但为学生提供了展示英语才能的舞台，而且激发了学生学习兴趣，拓展学生的视野，丰富校园文化生活。让英语节成为每个孩子的节日，做到人人都参与，人人有收获，让孩子们从活动中感受英语、应用英语、体验学习英语的快乐。

（一）英语文化节活动内容及形式

英语文化节以一系列形式多样的活动为载体，活动内容包括创新作业展示和特色活动展演。在创新作业方面，一年级开展英语创意字母画比赛，二三年级开展英语书法比赛，四年级开展英语创意书签设计和思维导图比赛，五年级开展英语绘本创作比赛及六年级开展英语好书推荐卡设计比赛。在特色活动方面，有一年级的英文歌谣表演，二年级的亲子英文绘本分享，三年级的英文诗歌朗诵，四年级的电影趣配音，五年级的歌曲合唱以及六年级的乐队表演。《2019年水库小学英语文化节活动方案》具体如下。

Immerse in English Embrace the world

——2019年水库小学英语文化节活动方案

为全面贯彻落实《深圳市罗湖区深化教育领域综合改革实施方案（2018—2020）》精神，结合罗湖区"第二届英语文化节"活动方案，罗湖区英语课程图谱，以及我校"动感英语"课程图谱，我校积极开展"第二届水库小学英语文化节"。英语文化节以Immerse in English Embrace the world 为主题，以一系列丰富多彩的英语活动为载体，力求做到人人参与、人人收获。让英语节成为每一个孩子的节日，让每个孩子在活动中找到自信，让学生在英语实践中体会到学英语、用英语的快乐。

宣传发动阶段：a. 英语老师向学生广泛宣传英语节，鼓励学生早晨入校门用英语打招呼，在课余时间尽量用英语交流，放学用英语与教师、同学道别；b. 校园悬挂各种英语横幅标语宣传：More English，More Fun! Show your English，show yourself!

活动内容如下：

（一）创新作业展示

1. 一年级英语创意字母画比赛

2. 二三年级英文书法比赛

3. 四年级英语创意书签设计比赛

4. 五年级英语绘本创作比赛

5. 六年级英文好书推荐卡设计比赛

以班级为单位进行比赛，统一下发 A4 纸，学生根据主题发挥创意设计。各班英语老师评选出一二三等奖若干名，优秀作品交给年级备课组长，展示在宣传栏展板上。

（二）英语特色活动

1. 一年级英文歌谣比赛

2. 二年级亲子英文绘本推荐

3. 三年级英文诗歌朗诵

4. 四年级趣配音比赛

5. 五年级课本剧表演

6. 六年级英语才艺秀展示

（二）英语文化节活动评价要求

英语文化节活动中，教师结合活动内容进行有效评价，具体评价要求如下（见表 3 - 7）。

表 3-7 "动感英语"英语文化节活动评价表

评价活动	评 价 标 准			等级
	A	B	C	
创新作业展示	主题鲜明,版面设计精美,图文并茂,书写工整美观,富有创意	主题鲜明,版面设计较好,图画和书写较为美观,创意一般	主题不够鲜明,版面设计一般,图画和书写一般,缺乏创意	
英语趣配音/课本剧	语音语调良好,动作表情到位,表现自然得体,舞美设计良好,内容充实有新意	语音语调较好,动作表情一般,表现较为自然得体,舞美设计一般,内容较为充实	语音语调欠佳,动作表情不够到位,表现不够自然,舞美设计欠缺,内容一般	

总之,"动感英语"坚持"赋予语言学习以美妙的旋律"的课程理念,突出学生主体地位,注重学生过程体验,培养学生核心素养。"动感英语"课程从建构"动感课堂"、倡导"动感英语"、开展"动感社团"、完善"动感文化"、举办英语文化节等方面进行实施推进。我们围绕课程主题开展形式多样的学习活动,充分调动学生多种感官,让学生玩中学、读中学、思中学。"动感英语"犹如跳跃的音符,使每位学生在英语学习上"动"起来,全身心"卷入"英语学习的过程,让英语课程焕发生命的活力。

（执笔人：杨伟如、刘乐、吴晓淳、罗敏）

第四章

生动科学：在探索中感受科学世界的美妙

苏霍姆林斯基说："在人的心灵深处有一种根深蒂固的需求，就是希望自己是一个发现者、研究者、探索者。而在儿童的精神世界中，这种需求特别强烈。""生动科学"从儿童的生活经验出发，带领儿童以活跃的方式进行科学探索，在科学探索过程中体验生动的科学世界，培养儿童的科学素养。

深圳市水库小学科学科组现有 4 名专职科学教师,3 位教师具备生物、物理、化学教育专业背景和 1 位教师从事科学教学超过 10 年,区教坛新秀 1 名,1 人多次获区青年教师技能大赛一等奖,2 人获区 steam 教育教学设计课例一等奖,多次指导学生获得国家级、深圳市、罗湖区创客类竞赛一、二等奖,师资队伍优良,结构合理,是一支充满活力和富有战斗力的队伍,具有水库科学人特有的认真和巾帼不让须眉的气势。深圳市水库小学科学教研组,以《义务教育小学科学课程标准(2017 年版)》为依据,根据学校科学学习实施现状和师资情况,推进我校科学学科课程群建设。

课程哲学与价值追求　世界因探索而变得生动

一、学科性质观

《义务教育小学科学课程标准(2017 年版)》指出,小学科学课程是一门基础性课程。早期的科学教育对一个人的科学素养的形成具有十分重要的作用。通过小学科学课程的学习,能够使学生体验科学探究的过程,初步了解与小学生认知水平相适应的一些基本的科学知识;培养提问的习惯,初步学习观察、调查、比较、分类、分析资料、得出结论等方法,能够利用科学方法和科学知识初步理解身边自然现象和解决某些简单的实际问题;培养对自然的好奇心,以及批判和创新意识、环境保护意识、合作意识和社会责任感,为今后的学习、生活以及终身发展奠定良好的基础。[①]

小学科学课程是一门实践性课程。探究活动是学生学习科学的重要方式。小学科学课程把探究活动作为学生学习科学的重要方式,强调从学生熟悉的日常生活出

---

① 中华人民共和国教育部. 义务教育小学科学课程标准(2017 年版)[S]. 北京：北京师范大学出版社，2017：1—2.

发，通过学生亲身经历动手动脑等实践活动，了解科学探究的具体方法和技能，理解基本的科学知识，发现和提出生活中实际的简单科学问题，并尝试用科学方法和科学知识予以解决，在实践中体验和积累认知世界的经验，提高科学能力，培养科学态度，学习如何与同伴交流、交往与合作。

小学科学课程是一门综合性课程。理解自然现象和解决实际问题需要综合运用不同领域的知识和方法。小学科学课程针对学生身边的现象，从物质科学、生命科学、地球与宇宙科学、技术与工程四个领域，综合呈现科学知识和科学方法，强调这四个领域知识之间的相互渗透和相互联系，注重自然世界的整体性，发挥不同知识领域的教育功能和思维培养功能；注重学习内容与已有经验的结合、动手与动脑的结合、书本知识学习与社会实践的结合、理解自然与解决问题的结合，着力提高学生的综合能力；强调科学课程与并行开设的语文、数学等课程相互渗透，促进学生的全面发展。

"生动科学"课程立足学生熟知的自然生活现象，学生通过动手动脑等实践活动，综合运用不同领域的知识和方法，理解自然现象和解决实际问题，在科学探索过程中感受生动的科学世界，培养学生的科学素养和促进学生的全面发展。

二、 学科课程理念

《义务教育小学科学课程标准（2017 年版）》指出"小学科学课程倡导以探究式学习为主的多样化学习方式，促进学生主动探究。"[1]结合我校实际情况，我校将科学课程的核心理念拟为"生动科学"，从儿童的生活出发，亲历科学探究实践活动，感受生动的科学世界。强调儿童生活中的科学是生动科学的基础，强调科学的学习因探索而生动，进而培养儿童的科学素养。

---

① 中华人民共和国教育部. 义务教育小学科学课程标准（2017 年版）[S]. 北京：北京师范大学出版社，2017：3.

（一）"生动科学"是儿童的科学

《义务教育小学科学课程标准（2017年版）》强调"小学科学课程要面向全体学生，适应学生个性发展的需求，使他们获得良好的科学教育。"因此"生动科学"强调基于儿童已有的科学知识和经验，为全体儿童创设适合的、公平的学习机会，充分开发儿童的潜能，引导儿童主动参与科学学习活动，引导儿童对所学知识和方法进行总结与反思，使人人感受到学习科学的乐趣，科学学习有不同程度的发展。

（二）"生动科学"是生活的科学

科学源于生活并用于生活。"生动科学"课程强调从学生的生活经验出发，引导学生把课本上的科学知识与生活相联系。学生在熟悉的生活情境中利用科学知识和方法去理解自然的科学现象和解决生活中的科学问题，认识科学与日常生活的密切关系，感受科学的实用性和灵活性。这才是生动的科学。

（三）"生动科学"是实践的科学

《课程标准》指出："小学科学是一门实践性课程。探究活动是学生学习科学的重要方式。"[①]探究式学习方式是"生动科学"课程的核心。在教学中，引导学生主动关注生活中的科学问题、作出假设、设计实验，合作探索解决问题。学生像科学家一样亲历科学探索实践过程，并在探索中学习到活的、有用的知识，感受科学的探索是一个有趣和充满挑战的过程，而不是枯燥的死记硬背的学习，进一步感受到科学世界的"生动"。

（四）"生动科学"是精彩的科学

科学不是简单的知识叠加，是物质科学、生命科学、地球与宇宙科学、技术与工程四个领域之间的相互渗透和相互联系，而呈现出丰富多彩的科学世界。在"生动科学"

---

① 中华人民共和国教育部. 义务教育小学科学课程标准（2017年版）[S]. 北京：北京师范大学出版社，2017：2.

中,学生运用科学和技术解决实际问题和改善生活,体验科学为人类生产和生活带来的便利和舒适,感受科学家们传递出的思想,认识精彩的科学世界。

课程目标与核心素养 提升儿童的科学素养

《义务教育小学科学课程标准(2017年版)》指出:"小学科学课程的总目标是培养学生的科学素养,并为他们继续学习、成为合格公民和终身发展奠定良好的基础。"[1]科学素养是国民核心素养的一个重要组成部分,从"科学素养"这一核心概念出发,我校"生动科学"课程提出了以下课程目标。

一、 学科课程总体目标

依据小学科学课程内容,结合我校学生实际情况,我校将科学课程目标分为"科学知识"、"科学探究"、"科学态度"、"科学、技术、社会与环境"四个方面。

(一)科学知识总目标

了解物质本身的特性,描述常见物体的基本特征,认识物体的运动,知道力的作用和能量的形式;了解生物体的基本特征和生命周期,认识常见的植物和动物,知道生物体与环境的作用;了解太阳系,认识地球的面貌和运动,知道人类与环境的关系;了解常见的工具,知道简单工具的功能和使用方法,认识技术与人类社会发展的关系。

---

[1] 中华人民共和国教育部. 义务教育小学科学课程标准(2017年版)[S]. 北京：北京师范大学出版社, 2017：6.

(二) 科学探究总目标

了解科学探究是获取科学知识的重要途径,认识到科学探究要经历提出问题、作出假设、制订计划、搜集证据、处理信息、得出结论、表达交流、反思评价的过程,能运用科学探究方法解决简单的日常生活问题。能思考生活中的现象并提出问题,能根据已有的经验做出合理的假设,再制订探究计划,并通过分析、综合、分类、比较、推理、概括等思维方法剖析结果,能用科学的语言描述探究过程和结果,学会对探究过程进行反思、评价与改进。

(三) 科学态度总目标

对生活中的自然现象保持好奇心,对大自然的变化表现出探究兴趣,愿意主动参与观察、动手、实验、调查等科学活动;能尊重客观事实,养成实事求是的科学态度;学会大胆质疑、严谨求证,具有批判意识;在探究活动中主动与人合作,愿意分享,乐于表达,善于思考,追求创新。

(四) 科学、技术、社会与环境总目标

了解生活中常见的科技产品及其给人类生活带来的便利;知道科学技术可以造福人类,改造自然;了解科学技术推动社会和经济发展;知道人类活动对自然环境、生活条件及社会变迁的影响,认识到科学技术发展的过程中,需要考虑伦理和道德的价值取向,培养热爱自然,珍爱生命,保护环境的意识和社会责任感。

二、 学科课程学段目标

根据各个学段学生的年龄特点与认知水平的差异,我校将"生动科学"的课程总目标进一步细化,分为低、中、高三个学段,具体目标见表4-1。

表4-1　"生动科学"课程学段目标表

学段 领域	1—2年级	3—4年级	5—6年级
科学知识	观察、描述常见物体的基本特征；知道常见的力；认识、描述常见的动物和植物的主要特征；知道与太阳、月球相关的一些自然现象；了解常见的工具及其使用方法。	测量、描述物体的特征和材料的性能；初步了解动物和植物的主要组成部分，知道动植物的生命周期；知道与太阳、地球、月球有关的一些自然现象是有规律的；知道工具制作及其重要性。	了解常见的物质的变化；知道不同能量之间的转换；认识人体的生命活动和人体健康，了解生物多样性；知道太阳系的基本概况，了解地球自转、公转的特点；知道科技推动人类社会发展。
科学探究	能从具体现象与事物的观察、比较中提出感兴趣的问题，并根据已有经验作出简单猜想；了解科学探究需要制订计划；能进行简单观察并用语言进行初步描述，得出简单结论；具有与同学讨论、交流的意识。	能从具体现象与事物的观察、比较中提出可探究的科学问题，并根据已有经验和所学知识作出合理的猜想；尝试制订简单的探究计划；能有效地搜集证据并记录、整理信息，分析结果，得出结论；能倾听别人的意见，并与之交流。	能基于所学知识提出更有深度的科学问题，并作出有依据的假设；会制订比较完整的探究计划；能通过观察、实验、查阅资料、调查等方式获取信息，会用科学语言、概念图、统计表等整理信息，得出结论；能用不同的表述方式呈现探究过程。
科学态度	能对生活中的自然现象表现出探究兴趣；能如实讲述事实；乐于尝试多角度认识事物；愿意与人分享观点，具有倾听的品质。	能对现象和事物发生的条件、过程、原因等产生探究兴趣；具有批判性思维；能接纳他人的观点，能分工合作，乐于完成探究活动。	能对事物的结构、功能、变化及相互关系等产生探究兴趣；尊重客观事实，敢质疑、会求证；能与人沟通，会反思、调整自己的探究。
科学、技术、社会与环境	了解常见的科技产品和人类生活的关系；知道科学技术可以改造自然；了解人类生活和生产需要从自然界获取资源，具有保护环境的意识。	了解科学技术对人类生活方式和思维方式的影响；知道人类的需求推动科学技术的发展；了解人类活动对环境的影响，愿意采取行动保护环境、节约资源。	了解科学技术可以减少自然灾害对人类生活的影响；知道科学技术的发展和应用影响着社会的发展；认识到人类、动植物、环境的相互影响，自觉采取行动保护环境。

课程框架与目标匹配　回到完整的科学世界

在国家课程的基础上,根据小学科学核心素养培养要求、小学生的发展特点以及我校学生的特质,我们拓展了一系列课程,形成"生动科学"课程群,学生通过科学探索感受生动的科学世界,发展学生学习能力、思维能力、实践能力和创新能力。

一、 学科课程框架

《义务教育小学科学课程标准(2017 年版)》指出,小学科学课程内容包括物质科学、生命科学、地球与宇宙科学、技术与工程四个领域。为了实现上述目标,我们建构了"生动科学"课程,包括"生动生命"、"生动物质"、"生动世界"、"生动创造"四部分,为学生提供全面而有个性的课程资源,培养学生的科学素养(见图 4-1:"生动科学"课程结构图)。

(一) 生动生命

生命世界中包含植物和动物等多种多样的生物,生物之间、生物和环境之间相互影响、相互依存,组成一个有机的整体。在"生动生命"课程中,学生认识常见的动植物,研究动植物的生长,认识生物体结构和功能相适应的特点,通过了解动植物和环境之间的关系,形成保护大自然、爱护生物的意识。

(二) 生动物质

人生活在物质世界中,每时每刻都在接触各种各样的物质,感受自然界和人类生

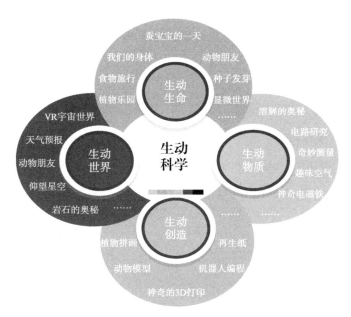

图4-1　"生动科学"课程结构图

活所发生的、丰富多彩的物质的运动和变化。[1] 物质世界由物质构成,物质世界内部始终在运动,并且具有能量。"生动物质"课程就是研究物质、物质运动以及物质运动过程中的变化规律的基础自然科学,包括:物质构成、物质运动和物质能量三个模块。在"生动物质"课程中,学生通过探究物质世界的奥秘,增加对物质世界以及物质运动的认识,养成探索科学的品质。

(三) 生动世界

在宇宙中,太阳系中的地球、月球和其他星球有规律地运动。地球是目前人们认识到的宇宙中唯一适合人类生存的星球。[2] "生动世界"包括生动地球、生动宇宙两方

---

① 中华人民共和国教育部. 义务教育小学科学课程标准(2017 年版)[S]. 北京:北京师范大学出版社,2017:16.

② 中华人民共和国教育部. 义务教育小学科学课程标准(2017 年版)[S]. 北京:北京师范大学出版社,2017:44.

面,学生通过模拟实验、生活观测、科技技术等方法,研究地球和宇宙中的结构、现象和运动规律,发展学生的空间想象、模型思维、逻辑推理等能力,保持探究地球、宇宙的好奇心。

(四) 生动创造

"生动创造"课程包括生动技术和生动实践两大方面。学生综合运用各方面的科学知识和科学技术进行产品设计,制造产品和解决实际问题,体验科学技术对人类生活和社会发展的改变,体会自我实践的成功和乐趣,培养学生的实践能力,养成动手解决问题的习惯。

二、 学科课程设置

基于上述课程分类,除了基础课程之外,我校 1—6 年级分阶段的课程设置如下(见表 4‑2)。

表 4‑2 "生动科学"课程设置表

		生动生命	生动物质	生动世界	生动创造
一年级	上学期	神奇的植物	奇妙测量	太阳辨方向	植物拼画
	下学期	动物朋友	液体的奥秘	仰望星空	动物模型
二年级	上学期	植物乐园	神奇的纸	小小气象员(一)	帽子的创作
	下学期	我们的身体	磁铁的奥秘	天气预报	做一个指南针
三年级	上学期	植物园的植物	空气趣味实验	神奇的云	再生纸
	下学期	蚕宝宝的一生	物质趣味实验	太阳的变化	凤仙花盆栽
四年级	上学期	食物旅行	溶解的奥秘	小小气象员(二)	奇妙的3D打印
	下学期	食物小知识	电路研究	岩石的奥秘	科技小发明
五年级	上学期	种子发芽	光和影	土地侵蚀的奥秘	太阳能热水器
	下学期	神奇多肉植物	摆的研究	VR宇宙世界	机器人编程

续表

		生动生命	生动物质	生动世界	生动创造
六年级	上学期	深圳珍贵生物	神奇电磁铁	小小气象员（三）	创意纸牌塔
	下学期	显微世界	铁生锈	月相变化	垃圾分类

课程实施与评价支撑　以活跃的方式开始探索旅程

为彰显"因探索而生动的科学"这一学科特色，我校的"生动科学"课程主要从建构"生动课堂"、建设"生动课程"、创建"生动社团"、创设"生动创客节"、落实"生动探究"五方面实施。

一、建构"生动课堂"，推进学科课程品质提升

科学探索是人们探索和了解自然、获得科学知识的重要方法。[①] 在小学科学探究活动中，培养学生的动手操作能力非常重要，不仅能使课堂氛围更加活跃，还能增进师生间的感情，更重要的是能使学生的主观能动性得到发挥。[②] "生动课堂"从儿童和生活角度出发，倡导以探索活动为主要的学习方式，强调创设自主选择和充分探索的学习环境，学生通过发现科学问题、实验调查、收集处理信息、分享与交流等探索活动，学习科学知识，培养探究创新能力和科学素养。

---

① 中华人民共和国教育部制定. 义务教育小学科学课程标准（2017 年版）［S］. 北京：北京师范大学出版社，2017：3.

② 张昕. 浅谈小学科学探究活动中思维教学的有效性策略［J］. 学周刊，2019，No. 395(11)：44.

(一)"生动课堂"的建构

"生动课堂"主要有三大部分：创设情境,激发兴趣、提出问题,自主探究、分享结果,研讨交流。好奇心和求知欲是推动学生学习科学的内在动力,创设贴近生活的学习情境激发学生的好奇心和学习兴趣,引导学生积极投入课堂学习。"提出问题,自主探究"是"生动课堂"的主体和核心,教师引导学生观察科学现象,以问题引导学生探索。学生提出问题、作出猜想、设计方案、合作探究、得出结果,一步步进行科学本质的探索,对科学问题作出回答。最后,学生相互分享结果,研讨交流进一步完善探究结果。在"生动课堂"中,学生自由探索科学知识,学习科学的真理,感受生动科学课堂的魅力。

"生动课堂"强调科学是儿童的科学,要适应儿童个性发展的需求,重视学生的主体地位,但不能忽视教师的指导。教师要适时、有效地对学生进行点拨、指导,并重于启发。通过教师的指导,学生可以发现自身问题,进一步深入探索。

"生动科学"课堂设计可以提炼为如下模型(图4-2)。

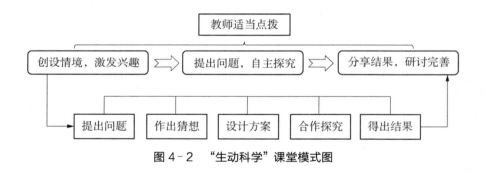

图4-2 "生动科学"课堂模式图

(二)"生动课堂"的评价标准

为了检测"生动课堂"进展情况以及达成效果,我们制定"生动课堂"评价表。通过教师和学生的评价,促进教师从生活出发,为学生创设适合的学习环境,让学生在科学课堂中进行探索,感受生动的科学(见表4-3)。

表4-3 "生动课堂"评价标准表

评 价 标 准			分数
一级指标	二级指标	评 价 要 点	
教师行为（40分）	教学基本功（10分）	1. 仪表端正、大方，教态亲切、自然，公平对待每一位学生。 2. 教学理念先进，学科基础知识扎实，技能熟练，驾驭课堂教学的能力强，积极使用多媒体等现代教学手段。	
	教学内容（10分）	1. 根据不同层次的学生进行教学设计，面向全体学生教学。 2. 内容选择与设计合理，能紧密联系学生生活、当地实际和现实问题。 3. 观点、知识、方法、技术等无科学性错误。内容综合性好，形式活泼，体现多元教育价值。	
	教学过程（20分）	1. 创设生活情境，激发学习兴趣，引导学生积极主动参与各项教学活动。 2. 教师善于引导学生参与探究过程，给予恰当的点拨，点拨具有针对性、启发性、实效性。 3. 注重发展学生的探究和思考能力，问题设置合理，能触发学生的探究和思维活动。 4. 提供机会让学生运用所学的科学知识和原理解决生活中的科学现象或者科学问题。	
学生行为（60分）	科学概念理解（20分）	1. 学生明确与科学概念相关的自然现象和过程。 2. 学生能用科学的或接近科学的术语对自然的事物或现象进行描述和解释，并解决生活问题。 3. 学生能够知道某些科学概念之间的联系，以及各个科学概念的应用范围。	
	科学探究能力（30分）	1. 学生可以提出简单的、可以探究的科学问题，积极参与到小组合作的探究活动中，对问题作出假设，方案设计后实施方案，分析科学数据得出结论。 2. 学生注意"动手"和"动脑"相结合，在进行探究的过程中动脑思考，注重思考事实证据和科学结论之间的关系，锻炼思维能力。 3. 学生在小组活动中积极与成员交流，踊跃发言，乐于倾听不同的意见和理解别人的想法，不断完善结果。	
	科学态度（10分）	1. 学生对科学学习保持强烈的好奇心和求知欲。 2. 学生形成热爱大自然，保护环境的意识。 3. 学生养成质疑问难、实事求是、不怕失败、坚持不懈的科学素养。	
总分			

二、 建设"生动课程"，丰富学科课程体系

生动的科学不应该局限在课堂，更不应该局限在学习课本上的知识，因此，我校"生动科学"课程结合学校办学特色和教师专业特点，紧跟时代科技的发展，融合多方面科学知识开设"1＋X科学课程群"，为学生提供从不同方向探索生动科学的机会，为提高学生的科技创新能力创造条件。

(一)"生动课程"的建设路径

"1＋X学科课程群"中的拓展性课程主要通过社团活动和融入平时课堂教学等方式实施，在"生动生命"领域开设"动植物世界"和"3D打印"课程；在"生动物质"领域开设"趣味探究实验"和"比较和测量"课程；在"生动世界"领域开设"VR神奇世界"课程；"生动创造"领域开设"科技小发明"和"机器人创意编程和搭建"等课程。

(二)"生动课程"的评价要求

"生动课程"在课程知识、课程探索、课程态度和课程结果等方面进行评价，重在鼓励学生积极主动参与到课程拓展活动中，培养学生的探究实践能力、创新能力和科学核心素养。教师根据学生的评价结果，及时调整教师的课程教学活动，提高课程实效（见表4-4）。

表4-4 "生动课程"评价标准表

评价项目	评 价 标 准	评价结果
课程知识	科学概念、技能的掌握程度	
课程探索	通过科学探究方法围绕已提出和聚焦的问题进行课程学习	
课程态度	保持对课程学习的积极性和热情	
课程结果	形成特色、创新的课程成果和作品	

备注：评价等级为优秀、良好、一般、待努力

三、创建"生动社团"，推进兴趣爱好课程

2015 年深圳市水库小学成功申请深圳市首批创客实验，它以培养兼具科学创造力与实践能力的创客为育人目标，以发挥想象力、发展创造力、塑造行动力、培养分享力为创客教育理念，为学生提供一个亲历探究、动手创造和分享自己创意的场所。学校创客团队通过创客实践室开展多个"生动社团"活动。学生在社团活动中求知、探索、实践，使更多的水库学生走上学科学、爱科学、用科学的道路。

（一）"生动社团"的基本类型

根据学生的年龄特点和个性需求，我们设置了科技小发明社团、3D 打印社团、创意机关王社团、机器人创意编程和搭建社团，学生可以根据兴趣和特长进行选择。

1. 科技小发明社团。在科技小发明社团中，学生基于已有的科学知识和实践能力，对日常学习、生活中不方便、有缺点的物品加以改进和创新，或者根据生活中的灵感进行创造发明。科技发明社团活动为学生提供动脑、动手的机会，开阔学生视野，提高运用科学知识的能力和探索发现的创新能力。

2. 3D 打印社团。在 3D 打印社团中，学生使用 3D 打印软件进行创意设计，并把 3D 打印技术运用于科技小发明中，打印出小发明成品或者零件。学生通过 3D 打印把内心的想法打印成一个个创意实物，感受现代科技与创意教学带来的乐趣，进一步领略生动科学的魅力。

3. 创意机关王社团。创意机关王社团活动根据学生的身心发展特点，联系实际生活体验，让学生在玩耍积木中体验科技的力量，探索简单机械、水力能源、太阳能源、电力资源等知识，提高学生对机关结构设计的组装思维能力、逻辑分析能力，培养学生对科学知识的整合与创新能力，在玩中学，在学中玩。

4. 机器人创意编程和搭建社团。学生在机器人创意编程和搭建社团中学习 ukit 机器人、scratch 等多种知识和技能。社团活动分为入门级和进阶级。入门级：学生学习回读编

程,掌握控制舵机转向角度、速度的方法。进阶级:学生在已有的机器人基础上,更快地掌握红外传感器、按键、彩色 LED 等控制方法,对机器人课程有更深入的认识。学生通过自主合作探究机器人的不同领域,激活学生潜在的创新意识,培养学生的团队合作意识。

(二)"生动社团"的评价要求

"生动社团"的评价采用表格的方式,每学年各个社团通过自我评价、小组评价、教师评价三者相结合的评价体系考查学生在知识掌握、实践探究、情感态度和合作交流方面的表现情况,评出优秀生动社团成员,并开展优秀社团成果展。优秀生动社团成员评价标准表如下(见表 4-5)。

表 4-5 优秀生动社团成员评价标准表

	评价内容	自我评价	小组评价	教师评价	总评
知识掌握	作品的完成进度				
	作品完成质量				
实践探究	运用创造性思维和逻辑推理解决问题				
	动手探究能力				
情感态度	参与活动的积极性				
	保持探索创造兴趣				
合作交流	良好的合作分工意识				
	乐于帮助同伴				
填表说明: A. 优秀 B. 良好 C. 合格 D. 待努力 请在评分栏打"A、B、C、D"					

四、 创设"生动创客节",浓郁科学学习氛围

为贯彻执行"罗湖区深化教育领域改革实施方案",进一步落实《深圳市水库小学"十三五"教育规划》中的大创客活动,学校一年一度打造生动创客节,以一系列竞赛、趣味活动为载体，营造敢于挑战的学习氛围，不同孩子获得不同的发展，感受 STEAM 的魅力和科学探索的魅力，享受创作的乐趣，体验成功的快乐。

（一）"生动创客节"活动设计

学校每学年利用一周的时间开展"生动创客节"活动，"生动创客节"包括创作类、竞赛类和体验类三类活动，每类活动根据不同年级学生的知识基础和特点设置了不同的活动项目（见表 4-6）。

表 4-6　"生动创客节"活动内容表

活动项目		活动年级	活动内容
创作类	植物拼画	1—3 年级	把植物的叶子、花等结构根据自己的创意在 A4 纸上粘好，拼出各种各样的画。
	科幻画	4—6 年级	通过绘制科幻画展示对未来科学发展的畅想和展望，科技内容可以是环境变迁、城市建设、植物演变与发展等方面。
竞赛类	直线飞机竞速赛	1—3 年级	参赛选手在 10 分钟内，现场制作一架纸飞机，同时手掷飞机放后，以投掷线到飞机机头的直线距离为比赛成绩。
	创意纸牌比赛	4—5 年级	3—4 名学生为一个队伍，在 20 分钟内用 100 张扑克牌搭一个纸塔。
	科学知识竞赛	6 年级	每班 4 名同学代表班级参加科技知识竞赛，有必答题、抢答题，每支队伍都有 3 次向智囊团求救的机会。
体验类	竞赛闯关体验活动	4—6 年级	设置不同类型的科技闯关摊位，学生带着竞赛闯关体验卡在 25 个科技体验竞赛活动摊位进行闯关体验。

（二）"生动创客节"活动评价方法

为了提高学生在活动中的积极性和促进学生科学素养的发展，每个活动设立不同的奖项。最后，根据学生在创作类、竞赛类和体验类活动中的综合表现，评选年级的"创客小达人"；通过统计各班级在不同项目中的获奖人数，采取积分制方法，各年级评选出 2 个"最佳创客班级"。

1. 创作类活动的评选。根据学生上交的作品进行筛选,评选一、二、三等奖。在创客周期间,开展优秀作品展,将有特色和创意的作品在校园里进行展览。

2. 体验类活动的评选。学生每次闯关体验结束后,在竞赛闯关体验卡上会得到相对应的印章。最后根据竞赛闯关体验卡的印章数兑换不同的奖品。

3. 竞赛类活动的评选。按照不同活动项目的方案和标准进行评比,按比例评选出一、二、三等奖(见表 4-7)。

表 4-7 "生动创客节"竞赛类活动评价标准表

活动项目	评 级 标 准
直线飞机竞速赛	手掷飞机放飞后,以投掷线到飞机机头的直线距离为该轮成绩。手掷纸飞机每个参赛选手只投 1 轮,如成绩相同可加赛决定。各年级评选一、二、三等奖,其中 20%一等奖,30%二等奖,50%三等奖。
创意纸牌比赛	20 分钟内用 100 张扑克牌搭一个纸塔。以塔的高度决定成绩,高度相同者,根据其稳定性进行判定。总积分排名前三班级颁发集体一、二、三等奖。
科学知识竞赛	通过积分方法评选年级第一、二、三名,颁发集体奖状。

五、 落实"生动探究",提高学生课题研究能力

为深入贯彻落实深圳市《关于进一步提升中小学生综合素养的指导意见》有关精神,加速提升中小学生探究能力,培养中小学生创新素养,深圳市教育局组织学生进行中小学探究性小课题研究活动。我校以此为契机,成立学生探究团队,鼓励学生在学科领域内或生活情境中,以问题为中心,抓住一个感兴趣的问题,通过实验研究、分析研讨、实验观察等方式开展小学生探究性小课题活动,提高学生探究能力,体验生动的科学,落实我校"生动探究"。

(一)"生动探究"的主要做法

我校现有多肉植物水培实验探究团队。学生探究团队通过实验观察和对比不同

种类的多肉植物水培生长情况和水培种植特点，为多肉植物的水培种植提供指导性建议，帮助大家在生活中选择合适水培的多肉植物种类。《不同种类多肉植物水培实验的生长观察和分析研究》的探究成果获得了 2017 年深圳市中小学生探究性小课题优秀成果奖的二等奖。为了进一步探究多肉植物室内水培的奥秘，多肉植物水培实验探究团队再次成功立项 2019 年深圳市探究性小课题。同时，学校还鼓励更多的学生关注生活中、学习上的不同科学问题，参与到课题研究中，如科学家进行实验探究一样，体验科学研究的美妙，提高科学探究能力。

（二）"生动探究"的评价要求

为了提高学生课题探究的兴趣，使课题活动顺利进行，学校每学期从课题探究内容、探究过程、探究成果等方面评选"优秀生动探究课题"，并积极组织学校课题研究成果参加罗湖区、深圳市探究性小课题成果评比活动（见表 4-8）。

表 4-8　"优秀生动探究课题"评价标准表

评价维度	评　价　标　准	分值	得分	建议
探究内容	课题具有研究意义和价值	5		
	课题选题新颖、有创新性	5		
	课题研究贴近生活，对生活有一定影响	5		
探究过程	按计划开展研究活动	5		
	小组分工合理，合作良好	10		
	研究方法正确	10		
	研究记录客观、实际，坚持记录	10		
探究成果	研究成果真实、可信、合理	15		
	研究成果逻辑清晰、科学、严谨	15		
	研究成果创新，在生活中有一定的应用价值	20		
总　分				

备注：总分 85 分及以上为优秀，70—84 分为良好，60—69 分为合格，60 分以下为待努力。

总之,我校的"生动科学"课程群以"探索生动科学"为核心理念,以"发展科学探究能力、实践能力和创新能力"为核心价值,以新课程标准为指引,从儿童的生活出发,为学生提供适合、自主选择的学习机会,以多种活跃的方式引领着学生亲历科学探究实践活动,强调在探索中感受完整、生动、精彩的科学世界、获取科学知识、学习科学方法,进而提升学生的科学素养。

(执笔人:龚斯惠、庄丽情、赖慧雯)

第五章

雅韵美术：描绘一幅清新朴素的美学画卷

　　罗丹说："美是到处都有的。对于我们的眼睛，不是缺少美，而是缺少发现。"如果眼睛是心灵的窗户，那么美术就是在这扇窗口展示一幅自然朴素、淡雅清新、经典别致的美学画卷。"雅韵美术"让儿童感受雅韵，欣赏美；徜徉雅韵，品味美；融入雅韵，汲取美；展现雅韵，表达美。"雅韵美术"让儿童在学习的过程中，不仅掌握了美术知识和技能，人也因此变得温文尔雅、揽气于胸。

深圳市水库小学美术科组共 7 位老师,全部达到本科学历,其中小学高级职称 3 人,小学中级职称 2 人。我校美术教师除承担全校 51 个班的美术教学外,还多次在市区教师竞赛,学生竞赛中获奖。组内气氛和谐,资源共享,教学研讨气氛浓郁。我们依据《义务教育美术课程标准(2011 年版)》和我校实际情况,来推进我校美术课程群建设。

课程哲学与价值追求　雅韵美术,满足儿童审美需求

一、 学科价值观

美术是以视觉形象来承载和表达人类的思想观念、情感态度和审美趣味,它丰富了我们人类的精神和物质世界。美术课程是九年义务教育阶段全体学生必修的基础课程之一,在实施素质教育的过程中有着不可替代的作用与地位。《义务教育美术课程标准(2011 年版)》中指出:

美术课程凸显视觉性。在美术学习中学生能够积累视觉、触觉和其他感官的经验,发展感知能力、形象思维能力、表达和交流能力。

美术课程具有实践性。在美术学习中学生能够运用传统媒介或新媒体来创造作品,发展想象能力、实践能力和创造能力。

美术课程追求人文性。在美术学习中能够学会欣赏和尊重不同时代和文化的美术作品,关注生活中的美术现象,涵养人文精神。

美术课程强调愉悦性。在美术学习中能够自由抒发情感,表达个性和创意,增强自信心,养成健康人格。[①]

---

① 中华人民共和国教育部制定. 义务教育美术课程标准(2011 年版)[S]. 北京:北京师范大学出版社,2011:2.

美术课程的价值在于陶冶学生的情操，提高审美能力，引导学生积极参与文化的传承与交流，发展学生的感知能力和形象思维能力，能够形成学生的创新精神与技术意识，同时也促进学生的个性形成与全面发展。

二、 学科课程理念

《义务教育美术课程标准（2011年版）》提出学科的课程理念是：面向全体学生、激发学生学习兴趣、关注文化与生活、注重创新精神。

我校美术科组担负着美术育人的责任，一直利用学校现有资源，大胆进行美术课程的探索，努力让水库小学的学生从审美的提高达到个人素质的提高，进而达到道德品质和思想境界的提高，这也是我们建设"雅韵美术"课程的目的。

雅即高雅与文雅，引申的寓意有美好、艳丽高尚、温文尔雅等涵义。而韵的本意指是和谐的声音，也指风度、气质、情趣。

希望深圳市水库小学的学生通过"雅韵美术"的课程学习，能内外兼修，揽气于胸，提高自己的审美水平，从而美好地对待生活中的一切事物。

具体表现在：

——感受雅韵，欣赏美。

对美的感受能力是美术学习的基础。通过教师的展示与评述，帮助学生理解自然美、美术作品与美术现象，进一步掌握欣赏的基本方法。"雅韵美术"课程希望能够在教学中唤醒学生的主体意识、提高美术素养及全体学生的审美素养，并逐渐形成热爱祖国优秀传统和尊重世界多元文化的价值观。

——融入雅韵，汲取美。

发挥美术课程特有的感染力，激发学生的美术学习兴趣，并使这种兴趣转化为持久的情感，使不同年龄阶段的学生有不同的美术体验。在实际生活中帮助学生感悟美术的独特价值，达到学生的情感愉悦。

——展现雅韵，表达美。

培养学生展示美的能力，也是美术教学的重要目的。"雅韵美术"课程要求教师指导学生怎样将线条和造型灵活地表现出来，帮助学生有意识地运用图形、色彩、明暗、肌理、空间等美术表现手法，教会学生恰当地使用美术工具和材料，尝试不同的创作方法完成作品并表达自己的思想和情感。

总而言之，"雅韵美术"课程是面向全体学生所量身定制的，我们坚信每个学生都具有美术学习的潜能，为学生的终身艺术体验和表达奠定基础。

课程目标与核心素养　多彩画卷，丰富儿童精神世界

美术作为文化的一个重要表现形式，也是人类表达情感的方式。"雅韵美术"根据我们对美术的理解和《义务教育美术课程标准（2011 年版）》设置学科目标。

一、 学科课程总体目标

美术课程总体设计目标是按照"知识与技能"、"过程与方法"、"情感、态度和价值观"三个维度来设定的："学生能够以个人或集体合作的方式参与各种美术活动，自主尝试运用各种工具、材料的制作过程，学习美术欣赏和评述的方法，能够丰富学生视觉、触觉和审美经验，体验美术活动的乐趣，从而获得对美术学习的持久兴趣；与此同时了解基本美术语言的表达方式与方法，形成敢于表达自己的情感与思想，美化环境与生活。

学生在美术学习过程中，充分激发创造精神，大力发展美术实践能力，逐渐形成基本的美术素养，陶冶高尚的审美情操的同时，完善人格。"[1]

---

① 中华人民共和国教育部制定. 义务教育美术课程标准（2011 年版）[S]. 北京：北京师范大学出版社，2011：4.

二、学科课程年段目标

美术课程又设有分目标，从"造型·表现"、"设计·应用"、"欣赏·评述"、"综合·探索"四个方面设定。水库小学"雅韵美术"依据美术课程总目标和分目标，结合岭南版美术教材，制订了"雅韵美术"课程年段目标(见表5-1)。

表5-1 "雅韵美术"课程年段目标一览表

	欣赏·评述	造型·表现	设计·应用	综合·探索
一年级	帮助学生观赏大自然与各种美术作品的形、色、质感，教会学生能用口头或书面语言的方式方法对欣赏对象进行简单的描述，鼓励学生大胆说出其特色，敢于表达自己的感受。	帮助学生初步认识形、色、肌理等美术语言，学习运用各种美术工具，让学生体验不同材料运用的效果，通过看一看、画一画、做一做等方法来表现所见、所闻、所想的人和事物，从而激发丰富的想象力与创造愿望。	帮助学生学习对比与和谐，对称与均衡等组合原理，充分了解一些简易的创意方法和手工制作的方法，鼓励学生尝试进行简单的设计和装饰，来感受设计制作与其他美术活动的区别。	帮助学生大胆采用造型游戏的方法，充分结合语文、音乐等多学科课程的内容，鼓励每一位学生大胆进行美术创作，一同表演和展示创作作品，并主动发表自己的创作意图，一起共享与解说。
二年级	帮助学生通过观察和欣赏的方法获得审美愉悦之后，能够运用语言、文字、绘画等多种方式来表达自己的感受与认识。引导学生欣赏和表现民间玩具和现代玩具的材质美、造型美、色彩美，了解其玩法和科学益智特点。	帮助学生通过以童话为主题的动物想象画来创作和设计，培养每一位学生的想象力与表现力。教师以"学生与生活"、"学生与自然"为切入点，来激发学生一同表现大自然和生活中物象的情感，最终学会用艺术的眼光观察生活。	帮助学生运用点、线、面、色等基本形组合，物象的表达方式是教师应该侧重的方面；运用剪、折、粘贴等方法完成从平面纸材到立体纸材造型的转变；在制作过程中，特别注重培养学生的想象思维与设计意识。	探究以科技环保意识，运用多种材料设计、制作小船的方法，善于"变废为宝"，体验综合探究的学习乐趣。

	欣赏·评述	造型·表现	设计·应用	综合·探索
三年级	帮助学生尝试用多种方式来表达自己的感受与认识,用语言或文字进行描述美术作品,特别是具有我国民族特色的美术作品。教会学生搜集我国民间美术作品,并了解其中的特点或寓意,进行交流。	帮助学生对造型的表现活动产生较为浓厚的兴趣,并且能够表现更多的想象力与创造力。帮助学生把自己所观察到的人和事物的特征与感受用自己的绘画作品表现出来。充分认识与运用原色、间色和冷暖色。鼓励学生运用毛笔、颜料、水墨和宣纸等工具、材料,开展更多趣味性造型活动。	帮助学生尝试从形状与用途的关系,来认识设计和工艺的造型、色彩和媒材,学习对比与和谐、对称与均衡等形式原理的方法,运用手绘草图或立体制作的方法来表现设计构想,与此同时能够感受设计和工艺与其他美术活动的区别。	根据各种材料特点,采用造型游戏的方式进行无主题或有主题的想象,创作美术。
四年级	能观察和关注生命世界的运动形态、空间、肌理、质感特征与变化之美,产生了解与感受多种艺术媒体表现的兴趣,初步体会友情,乐于与伙伴分享合作的喜悦,感受热爱生活与自主表现生活的乐趣。通过观赏各类美术作品的形与色,能够运用简单的话语大胆地表达自己的感受。	帮助学生充分认识和使用常用的形、色、肌理等美术语言;体验线描形式、装饰风格、黑白层次、画面处理等不同特征表现,了解基本美术语言的表达方式和方法;教师培养学生的表达感受或意愿、通过手绘线条和手工设计制作表达。充分发展学生的空间知觉能力、形象记忆能力和创造能力。	通过实用设计、剪纸、立体造型、编织、布艺、印染、特殊画面处理等方面的内容培养学生的设计应用能力、动手能力和创造能力,从工艺品与日用品的造型、功能、材质等特点中认识其实用性与美观性。	学会欣赏、探究作品设计的科学原理和艺术价值、趣味性,培养整体的设计理念和在生活中探究艺术的意识。能运用对称与均衡的美感要素,通过印染、剪贴、装饰、线描、插接等平面与立体设计造型活动,感受美术设计与生活、社会结合的关系。
五年级	以"美术与自然"、"艺术与情感"为取向的课程,课程设计一方面尽情欣赏画家笔下的劳动者,了解画家塑造劳动者的形式和手法。	以儿童装饰画创作的造型活动为中心,引导学生运用绘画、剪刻、印染等多种装饰性表现的艺术手法,创造性地运用点、线、面、色的造型元素来表达不同的生活感悟和学习体验。	以环保为主题,"呼唤环保小招贴"一课侧重于从美术技能角度来教学生学会如何绘制环保小招贴,通过创意设计进行环保宣传;而另一课"环保小发明"侧重于从环保角度来引导学生关注环保行动。	围绕几种不同的民间艺术样式,引导学生探究其艺术特点,实践艺术表现手法,从中领会其文化内涵与艺术魅力。

续表

	欣赏·评述	造型·表现	设计·应用	综合·探索
六年级	引导学生欣赏古今、中外优秀的美术作品，帮助学生了解具有代表性的美术家们。希望学生能够通过描述、分析与讨论的方法，运用简单的美术术语对美术作品的内容与形式进行分析和解说，一同表达对美术作品的感受与理解。	教会学生运用线条、形状、色彩、肌理和空间等造型的元素，能够以中国画、漫画、动画等描绘方式及运用泥、纸、泡沫塑料等创作立体造型的方法，一同记录与表现所见所闻、所感所想，发展美术构思与创作的能力，表达思想与情感。	帮助学生从认识设计和工艺的造型、形态与功能的关系、色彩与媒材。最终能够运用对比与和谐、对称与均衡、节奏与韵律等形式原理及各种材料、制作方法，设计和装饰各种图形与物品，来改善环境与生活，与他人交流设计意图。	了解民族艺术皮影戏、戏曲等，体会美术与传统技艺的关系，探索民族文化的魅力；认识亚洲、欧洲、非洲、美洲和大洋洲等不同地域的历史人文及自然景观，综合运用以前学过的美术表现，做到融会贯通。

　　我校"雅韵美术"课程总目标与年段目标在课程设计和教学活动中，互相渗透，有机融合为整体，为培养学生服务。

课程框架与目标匹配　五彩缤纷，设计多维美术活动

一、"雅韵美术"课程结构

　　根据《义务教育美术课程标准（2011 年版）》及学生发展特点，参考水库小学美术教师的特长能力，结合岭南版美术教材，我校开发了"清雅纸艺"和"梦想科幻画"两个课程，同时还有"笔毫情书法、水墨间中国画、艺术创想、萌宠针毡、数字电脑绘画"五个各具特色的社团。

二、"雅韵美术"课程设置

"雅韵美术"课程设置具体如下图(见图5-1)。

图5-1 "雅韵美术"课程设置

1."清雅纸艺"课程解读

"清雅纸艺"课程是古典传承与现代工艺的美妙结合。

(1)根据学生兴趣高,学习动力足的特点,纸艺课程非常适合在学生中间开展。学生从学龄前就开始接触过剪纸、折纸、撕纸等手工游戏方法。彩纸缤纷的色彩,柔韧的特性,适合孩子操作,可以充分发展孩子的动手和动脑能力。(2)纸艺课程涉及美术教学中的"造型·表现"、"设计·应用"、"欣赏·评述"、"综合·探索"这四个领域的内容,能够全方位促进学生的美术能力和美术素养的提高。(3)纸是生活中随手可得的素材之一。各类纸材因其制造的方法和所用原材料的不同,质地及柔韧度就各不相同,表现出来的造型效果也是五花八门。运用各种色彩鲜艳、质感特性不同的纸张,是为了创作出各种造型各异、匠心独具的纸艺作品。(4)"纸艺"具有很深厚的文化底蕴。就剪纸来说,它是中国民间文化艺术的瑰宝,一直以来它以质朴简练的特色在淡泊中延续发展。我们的"纸艺"课程除传统剪纸内容外，还与时俱进增添了"纸板造型"、"衍纸手工"、"纸雕工艺"。

2."梦想科幻画"课程解读

"梦想科幻画"课程是美术技能与多学科知识的友好握手：

（1）科幻画是建立在一定的科学原理基础上展开想象，从而运用绘画的形式表现出来的艺术。它不同于单纯的绘画，是现实生活中还没有出现的事物，是在现有科学理论的基础上对未来的大胆的想象创造，要求学生必须有相当的科学知识和数学基础。（2）科幻画的作品一般都要配上文字说明，这就需要学生有丰富的想象力，扎实的绘画基本功和良好的语言表达能力。这样的形式也充分实现了美术教学与多学科跨学科的融合。（3）通过观察发现科幻画特别有助于培养学生的探究性学习方法。学生在创作科幻画的时候，需要主动搜集许多资料，增加知识储备，在绘画过程中可以培养一系列动手和动脑的能力，对学生的观察、分析、理解、想象力、艺术个性的能力培养都具有良好的促进作用。

三、 课程设置具体如下（见图5-2）。

我校"清雅纸艺""梦想科幻画"课程的设置，希望为孩子在现有的美术课程之外，展现更广阔、更多彩的世界。

课程实施与评价支撑　立体推进，深化儿童审美体验

为了开阔学生视野，丰富学习内容，提升美术技能，促进学生美术思维发展，我校的"雅韵美术"课程主要从构建"雅韵课堂"、完善"雅韵课程"、开设"雅韵社团"、创办"雅韵美术节"、安排"雅韵美术赛事"、组织"雅韵美术活动"六方面进行实施。

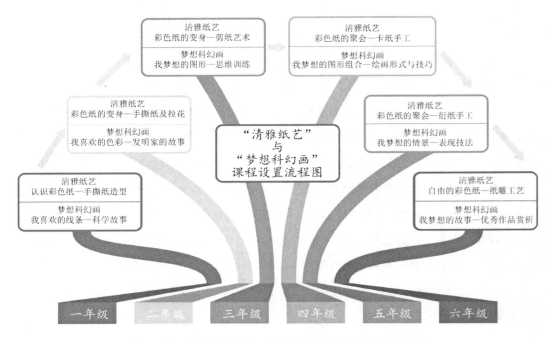

图 5-2　"清雅纸艺"与"梦想科幻画"课程设置流程图

一、 构建"雅韵课堂",彰显我校美术课堂特色

课堂是学科课程实施的主阵地,"雅韵美术"根据教学内容的不同把美术课分为:欣赏课、绘画课、工艺美术课三大类。

我校根据这三类美术课堂教学提出了要求如下图(见图 5-3:"雅韵美术"课堂流程表)。

我校"雅韵"课堂希望做到:通过教材的引领、教师的指导,结合教学方法的使用,作业的布置,使学生得到审美体验,形成美术技能(附见表 5-2:"雅韵美术课堂"评价表)。

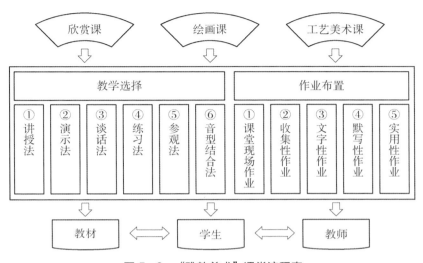

图5-3 "雅韵美术"课堂流程表

表5-2 "雅韵美术课堂"评价表

学校： 班级： 授课教师： 日期：

指标内容			指标等次				评分
			A	B	C	D	
课题：							
教学设计 20%	教学思想	面向全体学生,突出学科审美性、综合性、参与性和兴趣性原则,符合"课标"精神。	10	8	6	4	
	教学目标	目标定位准确,符合实际并有所侧重,突出审美素质培养。	10	8	6	4	
教学过程 30%	教学内容	体现学科课程的性质和课程价值,内容正确,难易适度,条理清晰,知识完整。	10	8	6	4	
	教学方法	符合学生的认知规律,策略新颖,方法灵活多样,能够激发动机兴趣。	10	8	6	4	
	教学主体	体现学生主体,注重学法指导,满足个性差异和不同层次的需要。	10	8	6	4	
教学素养 20%	教学能力	教师的语言清晰,有吸引力,教态呈现出亲切自然,学科专业技能熟练规范,示范、板书、范画设计合理。	10	8	6	4	
	教学媒体	能熟练掌握教学多媒体,运用方法得当,能够提高学科的形象性、直观性,并且激发了学生的学习兴趣。	10	8	6	4	

指 标 内 容			指标等次				评分
课题：			A	B	C	D	
教学效果 30%	教学情感	课堂上创设的情境,能够激发学生兴趣,师生互动和学生互助合作,气氛融洽和谐,能够体现审美教育功能。	10	8	6	4	
	教学反馈	重视学生作品的多元化、学习能力、学习态度和情感价值观的提高。	10	8	6	4	
	教学创新	学生掌握了一定的方法,为后续的美术学习做了很好的铺垫。	10	8	6	4	
综合评价			总分				
			评价人				

二、 完善"雅韵课程",拓展美术课堂内容

我校美术学科为追求本学科发展,满足学生需求,开设"清雅纸艺"、"梦想科幻画"两个校本课程,两个课程都是从一年级开始设置,希望能从基础培养学生,让孩子终生受益。

(一)"清雅纸艺"课程

"清雅纸艺"课程从一年级开始进入课堂,课程本着由简入难原则,从生活的景物入手,激发学生兴趣,培养学生动手能力和耐心细致的意志品质,引导学生进入纸艺学习(见表5-3)。

表5-3 "清雅纸艺"课程设置表

课程 目标	了解有关纸艺的知识,利用各种彩纸进行各种与纸有关的艺术创作,通过画、剪、撕、贴、刻、折等方式带学生在创作中享受动手操作的快乐。 通过纸艺系列创作活动培养学生审美能力、创新能力与个人素质,也有助于提高学生动手操作能力、合作意识等综合素养。 鼓励学生用自己的纸艺术作品来装点生活、美化生活,激发对美好生活对大自然的热爱。

续表

学生状况	学生处于想象力创造力最丰富的阶段,因此学生对手工会产生强烈的兴趣。纸艺制作过程对学生手的力度和准确度都有了一定的促进作用,学生对于撕、剪、折、刻等操作技术能够逐步驾驭。		
课时安排		上学期	下学期
	一年级 认识彩色纸 ——手撕纸造型	手撕纸——爱心 手撕纸——蜻蜓 手撕纸——菠萝 手撕纸——雪花 手撕纸——四角形 手撕纸——六角形 手撕纸——圆形 手撕纸——向日葵	手撕纸——爱心 手撕纸——蜻蜓 手撕纸——郁金香 手撕纸——各式雪花 手撕纸——四角形拓展 手撕纸——六角形拓展 手撕纸——圆形拓展 手撕纸——花园
	二年级 彩色纸变身 ——手撕纸拉花	能让身体穿过的小纸片　（1课时） 拉花形成原理　　　　　（1课时） 心型拉花　　　　　　　（3课时） 多边形拉花　　　　　　（3课时）	多边形拉花　　　　（3课时） 拉花组合　　　　　（6课时）
	三年级 彩色纸的变身 ——剪纸艺术	各式雪花　　　　　　　（2课时） 各式树木　　　　　　　（3课时） 各式动物　　　　　　　（3课时）	“囍”字　　　　　　（2课时） 剪纸组合　　　　　（6课时）
	四年级 彩色纸的聚会 ——卡纸手工	扇子　　　　　　　　　（2课时） 牡丹花　　　　　　　　（2课时） 花球　　　　　　　　　（4课时）	灯罩　　　　　　　（2课时） 帆船　　　　　　　（2课时） 机器人　　　　　　（4课时）
	五年级 彩色纸的聚会 ——衍纸手工	树叶　　　　　　　　　（2课时） 烛台　　　　　　　　　（2课时） 钥匙扣　　　　　　　　（4课时）	蝴蝶　　　　　　　（2课时） 小鱼　　　　　　　（2课时） 可爱的池塘　　　　（4课时）
	六年级 自由的彩色纸 ——纸雕工艺	贺卡制作　　　　　　　（2课时） 丛林　　　　　　　　　（2课时） 池塘　　　　　　　　　（4课时）	披肩　　　　　　　（2课时） 楼房　　　　　　　（2课时） 梦境　　　　　　　（4课时）
预设教学成果	每学期每个学生至少创作一幅精品。 每个小组每学期至少创作四幅精品。 每个学生的操作技巧与创意都得到一定程度的提升。 每一学年举办一次学生纸艺术优秀作品展。		
课程准备	需要有一间适合制作纸艺的美术教室,有专业的纸艺桌子。 有个较大的材料间,并配有专业置放各种尺寸和规格纸张的柜子。 有摆放立体作品的展柜,有多媒体教学系统。 每年为纸艺教室购买配套的材料工具以及大型设备,如彩色打印机等。		

(二)"梦想科幻画"课程

"梦想科幻画"课程从一年级开始教学。画科幻画需要一定的科学知识,需要教师先培养学生的科学精神,从身边的科学道理开始学习,进而让学生理解:科幻画是在现有科学知识能解释的范围内,对事物的合理设想(见表5-4)。

表5-4 "梦想科幻画"课程设置表

课程目标	1. 培养学生善于思考的良好习惯。 2. 让学生掌握进行科学幻想的基本方法。 3. 培养学生关注身边的事物、热爱学习、热爱生活的优良品质。 4. 让学生掌握并运用各种绘画媒介,表现心中的科学幻想。 5. 培养学生自主学习、热爱科学、崇尚科学以及敢于探索等科学习惯。
学情分析	坚信每一个学生都有丰富的想象能力,并且人人都能有所创造。科学幻想绘画的项目辅导重在普及与基础知识的掌握。项目辅导通过分组进行,有利于学生的互助合作,共同提高,更有利于科学知识的普及与水平的提高。
课程意义	1. 为建设创新型国家人才的需要做基础准备,必须充分开展科学幻想画课程。坚信人类只要敢于想象就能敢于行动。因此从小培养敢想敢做的气魄是创新型人才的基本素质。更是"创客"理念的基础。 2. 开展科学幻想画课程的意义在于体现实施素质教育的需要。实施素质教育最需要学生的全面发展。通过科幻画的教学,能够丰富学生的学习经历,促进学生增长相关的科学知识与审美知识,也是实施素质教育的重要途径。 3. 开展科学幻想画课程是为了让广大学生掌握获得自主学习能力最有效的途径。通过科幻画教学,促使学生自主地去学习新知识,获得自主学习的途径。
辅导重点难点	1. 辅导重点:创意思维方式训练和绘画表现技法辅导。 2. 辅导难点:空间想象思维训练和科学幻想绘画创作辅导。
课时安排	每两周安排一次授课内容。 根据辅导的实际情况与学生自身的特点,调整个别课时内容。
过程与步骤	在具体的辅导过程中,本着因材施教、循序渐进的原则,根据学生对知识的掌握情况,随时调整辅导计划和辅导进度、难度,让不同层次的学生都能得到不同程度的发展。

续表

各年级课时与内容安排	一年级	我喜欢的线条 (6课时) 头脑风暴 (6课时) 　　通过 Internet 搜集头脑风暴的相关材料,并用投影展示,激发学生的创造热情。创新思维最有效训练方法就是头脑风暴。在具体的展示过程中,根据学生的反应适当增加难度,让学生积极动脑思考,小组讨论,共同提高,开拓大脑思维的新空间。通过头脑风暴,使学生的大脑思维跨越学科界限,飞向宇宙,培养善于思考的良好习惯。 科学故事 (6课时) 　　准备科学发展史的影音资料,通过多媒体展示科学发展的历程。让学生认识到科学发展的过程中科学家的探索精神,培养学生热爱科学、崇尚科学、了解科学、揭开科学的神秘面纱,树立长大以后为科学发展而献身的信心和决心。
	二年级	我喜欢的色彩 (6课时) 创意思维方法训练 (6课时) 　　展示当代世界上创意大师的优秀创品,启迪思维,在进行创意思维方法训练的过程中,结合头脑风暴,从日常生活的小事做起,推陈出新,并积极探索常规与创新之间的联系,从而总结规律总结进行创意思维的方法,为将来的科学幻想绘画打下基础。 发明家们的故事演讲 (6课时) 　　通过发明家故事演讲活动,让学生通过阅读大量的科学家的故事,充分了解科学家的成长经历。通过不断地观察我们生存的空间,关注身边的人和事,培养学生关注身边的事物、热爱生活、热爱学习的优秀品质。最后通过演讲活动来锻炼学生的口语交际能力与团结协作能力。
	三年级	我梦想的图形与图形设计 (6课时) 空间想象思维训练 (6课时) 　　右脑的主要功能体现在空间想象上。一般没有经过空间想象训练的人,右脑是一片未开垦的处女地。通过空间想象思维的训练,帮助学生开发右脑,为科学幻想和绘画创作的思维打下重要的基础。 画脑图 (6课时) 　　头脑风暴和介绍画脑图对于科幻画有着重要意义。可以发挥人的发散性思维,帮助学生积极进行科学思维,同时掌握科学幻想的基本方法。通过展示与交流学生的作品,能够促使学生之间互相影响与提高。
	四年级	我梦想的图形组合 (6课时) 绘画形式拓展 (6课时) 　　通过多媒体投影机,展示丰富多彩的美术作品,让学生了解因东西方文化差异而造成的风格各异的绘画形式,了解历史背景,了解在历史长河中产生的题材和表现丰富的美术作品,为将来的科学幻想绘画打下基础。 绘画技巧训练 (6课时) 　　针对不同的绘画形式,介绍不同的绘画技巧,让学生在理解的基础上根据自己的喜好特点将所喜爱的绘画形式完全掌握并进行淋漓尽致的发挥,尽情展示自己的才华。

五年级	我梦想的情景 绘画表现技法辅导 　　绘画表现技法的不同是产生不同风格的艺术家的依据。通过科学幻想画的表现题材,大胆鼓励学生通过练习找到适合自己的表现形式。 色彩知识辅导 　　将色相、色彩的冷暖等知识通过讲解、演示等手段,让学生充分认识色彩在心理上给人们带来的一系列感受,从而掌握通过调节色彩传达心理感受的方法,为下一步的美术创作辅导作铺垫。		(6课时) (6课时) (6课时)
六年级	我梦想的故事 创作的构图辅导 　　通过欣赏不同历史时期的美术创作,体会、理解进行美术创作的基本方法,并从色彩、造型、构图以及人物造型分析,让学生掌握基本的美术创作规律,为进行科学幻想绘画的创作打下基础。 科幻画讲评与优秀获奖科幻画欣赏 　　画的最终表现形式通过讲解,从科学幻想主题、脚面色彩、表现形式到构图等因素入手,将枯燥的理论知识与形象生动的美术作品联系起来,在学生心中留下深刻的印象,为进行科学幻想绘画的创作指明思路。		(6课时) (6课时) (6课时)
可能出现的问题和对策	在辅导过程中,有个别的学生会产生知难而退的思想。要针对不良的思想倾向做思想教育工作,说服引导,树立正确的人生观和科学发展观,培养学生的动手操作能力和实践能力。对在美术创作过程中出现的"高原现象",进行及时帮助,使学生正确认识学习过程中的各个不同阶段。		

(三)"雅韵美术"课程评价

"清雅纸艺"、"梦想科幻画"两个特色课程,在每周的美术课堂上开展,我们希望能在不增加学生负担的情况下,激发学生的学习积极性,所以评价方法由自我评价、小组评价、教师评价三个方面组成(见表5-5)。

表5-5 "雅韵美术"校本课程评价表

	评价内容	自我评价	小组评价	教师评价
知识技能	造型·表现			
	设计·应用			
	欣赏·评述			
	综合·探索			

	评价内容	自我评价	小组评价	教师评价
情感态度	学习积极性			
	学习专注性			
交流合作	团体合作精神			
	团体合作质量			
填表说明	A. 优秀　B. 良好　C. 合格　D. 不合格			

三、 开设"雅韵社团"，发展学生美术特长

社团活动是课堂教学的重要补充,水库小学本着发展学生特长,培养学生美术素养的目的,设立"雅韵社团"。

(一)"雅韵社团"的主要类型

学校成功打造了"艺术创想、笔毫情书法、萌宠针毡、数字电脑绘画、水墨间国画"五个特色的社团,并制定了各社团详细的活动安排表,详情如下(见表5－6、5－7、5－8、5－9、5－10):

表5-6　艺术创想社团活动安排表

开设年级	一、二年级	每学期开设节数	2节/周,34节(17周)
教学目的	1. 学生掌握魔术的基本原理。 2. 学生学习如何扭出不同造型的气球。 3. 学生制作出不同的气球作品来装点室内或室外环境。		
学生情况	一、二年级学生初步学习手推打气筒的使用方法,能制作出一些简单的动物造型。		
教学内容与课时安排	01. 气球小知识。　　　　　　　　　　　　　　　　　　(2课时) 02. 基础材料和工具的使用。　　　　　　　　　　　　　(2课时) 03. 扭气球的基本功。　　　　　　　　　　　　　　　　(2课时)		

	04. 棒棒糖制作。	（2课时）
	05. 双色宝剑的制作。	（2课时）
	06. 小货车的制作。	（2课时）
	07. 皇冠的制作。	（2课时）
	08. 激光枪的制作。	（2课时）
	09. 玫瑰的制作。	（2课时）
	10. 小狗的制作。	（2课时）
	11. 兔子的制作。	（2课时）
	12. 天鹅的制作。	（2课时）
	13. 章鱼的制作。	（2课时）
	14. 头饰的制作。	（2课时）
	15. 草莓的制作。	（2课时）
	16. 苹果的制作。	（2课时）
	17. 爱心手棒的制作。	（2课时）
评价方法	分组评价，一开始分好组，鼓励他们的竞争意识，让他们进行比赛，制作完毕后，将作品带到校场，分发给其他同学，从而使小组成员得到满足感。	
预设要达到的目的	学生能独自完成造型气球。	

表5-7　笔毫情书法社团活动安排表

开设年级	二至六年级	每学期开设节数	10节
教学目标	1. 对文房用具的常识与护理讲解； 2. 从起、行、收笔等方面对楷书基本笔画的写法进行规范利用； 3. 米字格把握字的框架；临摹出基本符合字体特征的点画，字体结构合理，用笔果断，线条干净，对字形结构有一定的把握； 4. 选择碑帖内容进行背临；开始尝试集字且了解基本创作方法，对作品形式进行了解，尝试写出较为完整的书法作品，增加对作品创作的全局意识。		
学生情况	由对书法有一定兴趣的学生组成，进行毛笔书法培训，从书法隶书《曹全碑》起始。另外，该学段学生的握笔的力度和准确度都有了一定的发展，对于运笔的行驻提按等基本写法都能完成，适合进行书法的学习及创作。		
教学内容	一、启蒙阶段 　　让学生对中国书法有概念性的了解。能对篆隶楷行草五体的发展历程进行清晰的梳理。对所学的第一书体（以楷书为主）的基本笔画（横、竖、撇、捺、点）以及简单笔画构成字熟练掌握，对学生的书写笔顺、书写姿势、书写习惯进行严格的管理。 　　出一幅二字或四字作品。		

续表

	例：博雅，书画常春等(三尺整张或四尺对开)。 二、初级阶段 　　提高对基本笔画精细度的要求，加以变化笔画的学习，结合偏旁部首，对所学书体的字形、结构(上下、左右、包围、独体字)进行学习和掌握。 　　出一幅四字及以上作品。 　　例：有志者事竟成、家和万事兴、从规矩顶方圆、诗书门第，礼义人家等。 三、中级阶段 　　巩固加强对所学第一字体各个方面的掌握，通临字帖，提高学生临帖的精准度，欣赏名人古迹，让学生形成作品意识。 　　出一幅十字以上的作品。例：名言警句、对联、横幅均可。 四、提高阶段 　　巩固加强一年里对所学第一书体、字体各方面的掌握，通临字帖三遍以上，让学生充分熟悉字帖、笔法、用墨、字形、结构、加强作品意识，对作品落款、章法等理论知识有所了解。出一幅作品(要求二十字以上)。
评价 方法	1. 记录考勤分数作为期末考核的一项。 2. 对完成作业的数量和质量进行评分。 3. 根据参加比赛的获奖次数进行加分。
评价 方法	学期每个学生至少创作一幅精品； 定期开展书法作品展示，利用学校橱窗及班级宣传栏等进行专题宣传，为学生树立榜样，推动写字教学。
社团 活动 准备	1. 需要有一间独立的书法教室，专业的桌椅、储物柜及可以展示作品的墙面，营造书法氛围。 2. 每年为书法教室下发一定的资金，用来购买书籍、聘请专家过来辅导、外出学习等。

表 5-8　萌宠针毡社团活动安排表

开设年级	二一六年级	每学期开设节数	18 节
教学 目标	1. 了解羊毛的特性，熟悉针、砧板等工具的使用方法； 2. 了解并掌握基本色彩的配色原理； 3. 通过图案与形象的联想与制作培养学生的创造想象能力、动手能力等，协调手眼脑的多方利用； 4. 加强学生对周围事物的观察力，通过一个作品的独立完成来增强学生的耐性、专注力和自制力； 5. 通过合作制作较大的针毡作品来拉近同学间的友谊，并学会互帮互助，培养团队精神； 6. 小东西，大成就；随着作品的完成与展示能够促进学生自信心的培养； 7. 学会感受精美作品，学会赞扬他人，对创意手工活动产生兴趣。		

学生状况	二至六年级的小学生形象思维十分活跃,想象力丰富,好奇心强,学习积极性高,拥有活跃的思维并具备一定的动手能力,此阶段以培养学生动手和创造能力为主。
教学内容	1. 知道本学期学习的知识,简单介绍工具的应用; 2. 羊毛毡的基础知识与制作方法;基本形状的制作与羊毛混合的方法制作; 3 至 7. 欢乐森林:鼓励学生制作不同的动物,通过观察归纳同一种类的动物形态的方法,找出不同点;教师示范,学生观看制作; 8 至 11. 美食,结合学生生活实际,用羊毛制作风味小吃; 12 至 15. 羊毛毡画,根据所学内容自制一幅羊毛毡画作; 16 至 17. 配制钥匙扣、发卡,自己做好立体作品,尝试为自己的作品安装上钥匙扣或发卡; 18. 总结本学期学生表现,作品评奖。
评价方法	1. 对完成作业的数量和质量进行评分。 2. 根据参加比赛的获奖次数进行加分。 3. 学习态度通过师评、小组评、自评获得分数等级。 4. 对学生学习中的表现进行及时而且积极的评价,激励新的创新火花的迸发。
预设要达到的目的	1. 学生的主体地位必须受到尊重,因此以学生自主活动为主,教师的讲授、适当减少指导,尽可能让学生自己多练与多动,给学生留出充分的时间来发挥创作; 2. 多种形式培养兴趣,生动活泼发掘潜能。充分挖掘学科课程的科技含量,有意识、有计划对学生进行科学思想和科学方法的教育,结合学生特点适当补充一些科普新知识和科学技术研究成果,激发学生的兴趣; 3. 采取生动、活泼、有趣的教学方式,呈现一个愉悦、和谐的课堂氛围,引导学生积极参加; 4. 教学内容、方法应根据学生实际情况而定,教师应从学生的能力、效果等差异出发,因材施教,灵活地作出内容形式上的调整,使全体学生都得到发展。
社团活动准备	1. 需要有一间宽敞的羊毛毡教室,有个较大的材料间,并配有专业置放各种羊毛的柜子。有摆放立体作品的展柜,有多媒体教学系统,每年为羊毛毡社团购买配套的材料工具等。 2. 每年为羊毛毡社团下发一定的资金,用来购买书籍、聘请专家辅导等。

表 5-9　数字电脑绘画社团活动安排表

开设年级	四—六年级	每学期开设节数	20 节
教学目标	了解有关数字美术的知识,利用数字软件进行各种与绘画有关的艺术创作,通过画、设计方式带学生在虚拟画纸上绘出色彩。通过设计系列创作活动培养学生审美能力、创新能力与个人素质,也有助于提高学生动手能力、设计意识等综合素养。 鼓励学生用作品提高创想思维,激发对美好生活的热爱!		

续表

学生状况	四—六年级的小学生处于想象力创造力最丰富的阶段,他们有一定的设计思维和创想能力,对电脑的操作比较熟练,所以比较适合参与数字美术课程。
教学内容	一、简单几何绘画 1 至 3.《几何创想》——几何绘画初步认识——几何画创作——几何画完成 二、科技画 1 至 2.《科技画》——了解科技画的基本要素——创作 3.《科幻世界》——完成 三、以"海"为主题 1.《大海》——对海的理解 2.《美丽的海滩》——创作并完成 3.《海底世界》——创作并完成 4.《保护海洋》——创作并完成 5.《自选主题》——创作并完成 四、环保宣传海报设计 1.《低碳环保》——赏析环保海报设计的基本要素 2 至 4.《我爱环保》——素材选择并构思——素材文字排版、运用 PS 进行分层设计——作品完善 5.《自选主题》——创作并完成 五、PS 小知识 1 至 2.《抠图》——练习一 PS 基本运用练习——练习二人物抠图 3.《城市变插画》——第一种 4.《动物画》——第二种 5.《用 PS 绘制像素风格卡通》——第三四种
评价方法	1. 记录考勤分数作为期末考核的一项。 2. 对完成作业的数量和质量进行评分。 3. 根据参加比赛的获奖次数进行加分。 4. 小组合作完成作品的展评打分。 5. 学习态度通过师评、小组评、自评获得分数等级。
预设要达到的目的	每学期每个学生至少创作一幅精品。每个小组至少创作两幅精品。提升每个学生的操作技巧与创意。布置一期优秀作品展。
社团活动准备	1. 需要有一间匹配软件的电脑教室,有专业的绘板。有多媒体教学系统,每年为数字美术社团购买配套的材料工具以及大型设备如彩色打印机、打印纸和喷墨等。 2. 学校将数字美术课程的上课时间加入学校的课程内,这样就不会因为其他的课程或活动导致学生无法正常参与学习。 3. 每年为数字美术下发一定的资金,用来购买书籍、聘请专家过来辅导、外出学习等。

表5－10　水墨间国画社团活动安排表

开设年级	四年级	每学期开设节数	12节
学生状况	四年级的学生在教学大纲上已经需要接触中国画的文房四宝等工具,相比低年段孩子,他们对各类材料的把握和运用已经比较娴熟,愿意去挑战新的工具和材料。在颜料的调配,特殊技巧的应用上兴趣高昂,是时候代入新型的学习领域了,结合这一契机,中国画教学的引入应该是水到渠成的。		
教学目标	国画教学是进行传统艺术教育的有效方法之一,结合新型材料的渗透,促使学生在国画学习上获得知识和技能,从而促进学生的智力与身心和谐成长。 尝试、探索中国画颜料和墨汁在不同材料上的运用技巧,启发学生的求知欲,充分感受和探寻独特的水墨艺术效果。		
教学内容与课时安排	一、《美丽的荷塘》　　　　　　　　　　　　　　　　　　　　　　（2课时） 尝试用浓淡墨画荷叶,用浓艳的色彩画荷花,形成强烈对比,表现荷花艳而不俗,出淤泥而不染的特点。 二、《快乐的黑天鹅》　　　　　　　　　　　　　　　　　　　　（2课时） 用浓淡墨概括地表现了黑天鹅的体态,着重表现其"S"形优雅的脖子,充满动感。 三、《自己做镇纸》　　　　　　　　　　　　　　　　　　　　　（2课时） 欣赏古代精致的镇纸,尝试自己用不同材质的石头和颜料、画笔设计制作镇纸。 四、《盐的妙用》　　　　　　　　　　　　　　　　　　　　　　（2课时） 运用盐遇水渗化的原理,创作造型、色彩与肌理效果不同的画面。 五、《弹涂的趣味》　　　　　　　　　　　　　　　　　　　　　（2课时） 学习运用弹涂的技巧丰富画面的层次感,提高想象能力和动手制作能力。 六、《拓印的魅力》　　　　　　　　　　　　　　　　　　　　　（2课时） 由简易版画入手,充分利用宣纸和中国画颜料的特性,体验独特的肌理效果。		
评价方法	1. 展示评比与互评相结合。 2. 对完成作业的数量和质量进行评分。 3. 感知为主,鼓励大胆尝试全新效果。 4. 学习态度通过师评、小组评、自评获得分数等级。		
要达到的目的	全体学生能够在各种媒介物上灵活运用中国画颜料工具,并熟练掌握多种使用技巧,如在石头上作画,弹涂,拓印等。		
需要外部支持	学生工具材料能够配齐,实物投影台便于操作,课堂用水能够便利。		

（二）"雅韵社团"的评价要求

"雅韵美术"社团的评价采用表格的方式,每个学期社团通过自我评价、家长评价、老师评价的方式,考查学生在社团的表现情况(附见表5－11)。

表 5-11 "雅韵美术"社团活动评价表

	评价内容	自我评价	家长评价	教师评价
知识技能	造型·表现			
	设计·应用			
	欣赏·评述			
	综合·探索			
情感态度	考勤情况			
	完成数量			
获奖情况				
填表说明	A. 优秀 B. 良好 C. 合格 D. 不合格			

为了更全面的发展学生,我们学校创办了"雅韵美术节",充分展示了学生在美术学习上的成果,通过美术节的举办激励了更多的学生投入到美术学习中。

"雅韵美术"课程是以社会主义核心价值体系作为导向,充分弘扬优秀的中华文化的同时,力求体现素质教育的要求;以学习活动方式划分美术学习领域,加强学习活动的综合性和探索性,注重美术课程与学生生活经验紧密关联。"雅韵美术"课程开展的最终目的就是让所有的学生形成欣赏美、汲取美、表达美的能力,从而创造出更加美好的生活。

（执笔人：季冬梅　姚春梅　周怡锐　钟绮玲）

第六章

唯美音乐： 陪伴儿童走进唯美的音乐世界

　　《礼记·乐记》中记载："乐者，音之所由生也，其本在人心之感于物也。"意思是说，乐是由声音生成的，它产生的根源在于人心受到外物的感动。音乐是无形的音响艺术，是构成富有动力性结构的情感艺术，是对美的感知和理解，也是审美教育的核心。"唯美音乐"为了每一位儿童的身心发展，从儿童的内心出发，提高儿童感受美、表现美、鉴赏美、创造美的能力，陪伴儿童走进唯美的音乐世界。

深圳市水库小学音乐科组现有 6 名音乐老师，均具有本科学历，其中小学高级职称 2 人，小学中级职称 2 人。音乐科组的教师朝气蓬勃，热爱音乐教育事业，在歌唱、舞蹈、乐器等方面各具特长，均有建树，为课程品质的提升打下了坚实的师资基础，结合我校实际情况，在音乐学科课程建设的逐步完善下，构建"唯美音乐"艺术领域课程体系。

课程哲学与价值追求　陶冶情操，获得音乐艺术审美的直接体验

一、学科性质

《义务教育音乐课程标准（2011 版）》对音乐的定义和作用有着明确的阐述："音乐是人类最古老、最具普遍性和感染力的艺术形式之一，是人类通过有组织的音响实现思想和感情的表现与交流必不可少的听觉艺术，是人类精神生活的有机组成部分；作为人类文化的一种重要形态和载体，音乐蕴含着丰富的文化和历史内涵，以其独特的艺术魅力伴随人类历史的发展，满足人们的精神文化需求。"[1]中国音乐学家王光祈对音乐也这样认识：音乐中含有"美感"，能使人态度娴雅，深思清爽，去野入文，怡然自得，以领略有生之乐。因此，我们将根据儿童认知水平发展的需要和特点，对其进行有目的、有计划、有组织的音乐教育，帮助其在音乐活动中建立以"唯美音乐"为中心的审美结构，增进儿童对音乐丰富性和多样性的认识与理解，全面提升儿童音乐素养。

二、学科课程理念

《义务教育音乐课程标准（2011 版）》指出："音乐课程的价值在于：为学生提供审

---

[1]　中华人民共和国教育部. 义务教育音乐课程标准（2011 版）[S]. 北京：北京师范大学出版社，2012：1.

美体验,陶冶情操,启迪智慧;开发创造性发展潜能,提升创造力;传承民族优秀文化,增进对世界音乐文化丰富性和多样性的认识和理解;促进人际交往、情感沟通及和谐社会的构建。"①音乐教育是为了每一位儿童艺术修养的提升,实现体验美感、丰富情感的目标。基于此,音乐科组提出了"唯美音乐"的学科课程理念。"唯美"是一个汉语词汇,唯,是独有与希望之意;美,释意漂亮与完美;我们的唯美音乐理念指的是音乐的形式、风格完美,在教育过程中,尊重每一位儿童内心对音乐艺术美感的感知与追求,以审美为核心,以爱好为动力,以实践为途径,以启发为契机,鼓励儿童对所听音乐表达独立感受与见解。我们根据儿童音乐素养现状,以"唯美音乐"为基础理念,开发富含特色的多彩音乐课程;以儿童美育发展为核心,融汇多元音乐文化,增加儿童对多彩音乐的感受和体验;以"一生一体艺"为出发点,让每个儿童在不同音乐领域拥有自己的特长,强调音乐学习因多彩而唯美,提高音乐素养。

(一)"唯美音乐"是赏美的音乐

"唯美音乐"根据儿童身心发展规律培养儿童的音乐兴趣,精选音乐教材,使教材内容接近儿童的生活实际和认知水平。同时,在"唯美音乐"实践活动中,以丰富多彩的教学内容和多样性的教学形式,引导儿童主动学习音乐,在潜移默化中提高儿童的音乐审美,激发儿童的学习兴趣,为他们终身热爱音乐、学习音乐、享受音乐,打下良好的基础。

(二)"唯美音乐"是探美的音乐

音乐是每个创作者有感而发的结果,是聆听者不期而遇的共鸣。因此在实施音乐教育的过程中,教师创设良好的音乐学习情境,适当地运用观察、比较和练习等方法引导儿童积极主动、全身心投入在音乐实践活动中,鼓励儿童在音乐学习中探索,增强儿童音乐表现的自信心,让儿童获得音乐艺术审美的直接体验,享受美感,陶冶情操。

---

① 中华人民共和国教育部. 义务教育音乐课程标准(2011 版)[S]. 北京：北京师范大学出版社,2012：1.

（三）"唯美音乐"是创美的音乐

《义务教育音乐课程标准（2011 版）》指出："音乐是一门极富创造性的艺术。"①每位儿童都是创作的天才，有着不可衡量的音乐创作潜能，"唯美音乐"就是营造自然和谐的氛围，设定生动有趣的创造性活动内容、形式和情境，让儿童从时间性、空间性、表演性和情感性等方面获得直观感受，使儿童从音乐活动的参与者成为音乐的创造者，给予儿童发挥想象力和挖掘潜能的空间，也为儿童提供积累音乐创作经验和激发思维能力。

课程目标与核心素养　涵养美感，建立起儿童对音乐的持久兴趣

一、　学科课程总体目标

基于《义务教育音乐课程标准（2011 年版）》对音乐课程目标的阐述与要求，结合我校实际情况，我们将"唯美音乐"的课程总体目标设置为唯美情感、唯美实践、唯美探究三个维度。

（一）唯美情感

"唯美音乐"是一种满足儿童对美的情感需求的教育。通过各种有效的途径与方法引导儿童走进音乐的同时建立起对人类、自然和美好事物的关爱之情，进而养成欣赏音乐的良好习惯，提高音乐审美能力，为终身喜爱音乐奠定基础。

---

① 中华人民共和国教育部. 义务教育音乐课程标准(2011 版)[S].北京：北京师范大学出版社,2012：1.

（二）唯美实践

"唯美音乐"是一种鼓励儿童亲身参与实践艺术活动的教育。在感受和体验中，儿童在演唱、演奏运用观察、比较和练习的方法学习音乐知识，积累音乐表现经验，享受音乐审美过程中的愉悦，为音乐感悟力奠定基础。

（三）唯美探究

"唯美音乐"是一种培养儿童对音乐好奇心的教育。在音乐艺术的实践过程中培养儿童的探究意识，充分尊重儿童以即兴创编自由发挥为特点的探究活动，为儿童提供与他人充分交流合作的探究机会，增强儿童的集体意识和协调能力。

二、 学科课程年段目标

义务教育小学阶段中的 6 学年分为低、中、高三个学段，"唯美音乐"的各学段课程目标分别表述如下（见表 6-1）。

表 6-1 "唯美音乐"课程年级目标一览表

维度 年级	唯美情感	唯美实践	唯美探究
低年段 （1—2 年级）	1. 培养学生兴趣，提倡在玩中学。 2. 感受音乐律动，以简单歌曲学唱、唱游为主，享受学习的乐趣。	1. 能自然、有表情地演唱。感知乐句，认知ABA 结构，找出歌曲相同旋律。 2. 感知速度、力度对音乐表现的作用，了解常见速度标记。	采用歌、舞、图片、游戏等相结合的综合手段进行直观体验，鼓励儿童参与音乐表现和即兴编创活动。
中年段 （3—4 年级）	1. 增加人文内容，引导儿童感受音乐蕴涵。 2. 欣赏音乐，理解音乐，表现音乐。	1. 识读乐谱，感知旋律线条；感知旋律的级进与跳进；能听辨乐器。 2. 学会音高概念，巩固手号，并进行二声部的演唱。	引导儿童完整并充分聆听音乐作品，在音乐体验与感受中，享受音乐审美过程的愉悦，开发音乐的感知力，体验音乐的美感。

维度 年级	唯美情感	唯美实践	唯美探究
高年段 （5—6年级）	1. 重视独立思考能力，培养独立的人格和情操。 2. 欣赏了解中外名曲，让学生在音乐世界里受到高尚情操的陶冶。	1. 感知回旋曲式，大调、小调，了解舞剧。 2. 尝试二部轮唱，了解混声合唱，欣赏动漫音乐，学习不同民族、不同国家、不同时代的作品，感知音乐中的民族风格，理解音乐文化的多样性。	随着生活范围及认知领域的进一步扩展，着重培养儿童乐于参与音乐表现、创作活动，能分角色表现音乐剧，提高自我认知能力、音乐表现能力、创编能力，培养艺术想象力和创造力。

总之，"唯美音乐"课程总目标与年段目标在课程设计和教学活动组织中相互关联、相互渗透，形成一个有机的整体。

课程框架与目标匹配　全面设计，引领儿童进入唯美的音乐世界

一、 学科课程框架

依据《义务教育课程标准（2011版）》的相关要求，我们以国家课程为基础，从"唯美之声（歌唱）、唯美之形（舞蹈）、唯美之器（乐器）、唯美之戏（戏剧）"四个方面进行课程构建，从而形成"唯美音乐"课程群（见图6-1）。

（一）唯美之声

"唯美之声"为声乐课程，以儿童的演唱为主，包含独唱、小组唱、合唱等内容。中国近代思想家梁启超先生说过："欲改造国民之品质，则诗歌音乐为精神教育之一要件。"声乐课程以花城版音乐教材内的乐曲为基础，兼顾学习其他特色音乐，使儿童从

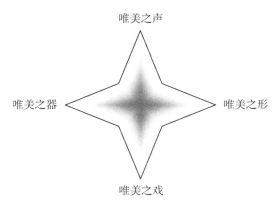

图6-1　"唯美音乐"课程结构图

演唱中获取音乐表现的经验,增强演唱时的自信心,展现演唱的独特美。

(二) 唯美之形

"唯美之形"为舞蹈课程,包含舞蹈模仿、舞蹈欣赏、舞蹈创编等内容。瑞士音乐教育家达尔克罗兹曾说过"一切音乐始于动作。"旨在舞蹈的学习过程中,培养儿童在音乐活动中的协调性和灵活性,将舞蹈与音乐相结合,提高学生学习舞蹈的兴趣和审美能力。

(三) 唯美之器

"唯美之器"为乐器课程,包含欣赏管弦乐曲、欣赏器乐独奏曲、学习小乐器等内容。德国的思想家马克思说过:"欣赏音乐,需要有辨别音律的耳朵,对于不辨音乐的耳朵说来,最美的音乐也毫无意义。"通过课堂教学活动,培养儿童对器乐相关音乐的理解感知能力、节奏感,带动儿童全身心地投入音乐活动中,在音乐中获得提高和发展。

(四) 唯美之戏

"唯美之戏"为戏剧课程,包含剧本研读、戏剧训练、戏剧欣赏、戏剧排演等内容。美国著名教育家杜威提倡在"学中做",戏剧课程是一门以音乐特色为主,综合学科有机融合,体验创新为目的的艺术学科。通过音乐故事、戏曲、话剧等形式呈现,以提升儿童学习兴趣,培养儿童共同合作的意识,体会不同风格和情感的情境,进而养成对生活的积极乐观态度和对美好未来的向往和追求。

二、学科课程设置

结合我校各年级儿童发展的特点,将"唯美音乐"课程群具体内容进行划分(见表6-2)。

表6-2　"唯美音乐"音乐学科课程群设置表

内容\年级		唯美之声	唯美之形	唯美之器	唯美之戏
一年级	上	国旗国旗真美丽 雁群飞 在农场里 青蛙合唱 梅花鹿 爷爷过生日	我今天上学喽 小列兵 顽皮的杜鹃 左手和右手 我的头和我的肩	去同学家 是谁在敲 咏鹅 小兔子乖乖	过新年 行花街
	下	瑶家儿童爱唱歌 拍手谣 小毛驴 划船比赛 小小的船 牧童谣	海娃变油娃 十个小印第安人 向前走 娃哈哈	火车跑得快 小鸭和大灰狼 小圆舞曲 摇篮曲 小鼓响咚咚 好孩子要诚实	落雨大 落水天
二年级	上	小朋友,爱祖国 鲤鱼风筝 海鸟的家园 恰利利、恰利 小花雀 老爷爷赶鹅 卖报歌	掀起你的盖头来 十只小猪过河 如果你高兴 画 悯农 稻草里的火鸡 螃蟹歌	五声歌 箫 闪烁的小星 狮王进行曲 在钟表店里	酸枣刺 聪明的乌鸦
	下	没有祖国哪里会有我 音阶歌 有个洋娃娃 多年以前(合唱) 降落伞 欢乐颂 大海 哈哩噜	猜花 勇敢的鄂伦春 野兔饿了 哎呀!玛利亚丢了 宝石花 学我做	袋鼠 水族馆 木马游戏 新春乐 森吉德玛 我们的小乐队 暴风雨 找乐器的游戏	龟兔赛跑 西游记

续表

内容＼年级		唯美之声	唯美之形	唯美之器	唯美之戏
三年级	上	我们爱老师 大海啊，故乡 牧童之歌 嘀哩嘀哩 小斑鸠对我说 翠鸟咕咕唱 当我们同在一起 捕鱼歌 太阳出来喜洋洋	我们的学校亚克西 快乐的啰嗦 踢毽子 我们大家跳起来 桔梗谣 四小天鹅舞曲 天鹅 那不勒斯舞曲 金孔雀轻轻跳	扬鞭催马运粮忙 渔舟唱晚 俄罗斯舞曲 地狱中的奥菲欧 杜鹃圆舞曲 G大调小步舞曲 公鸡和母鸡 吹口哨的人与狗 大黑猫的主题	好朋友来了 蜗牛与黄鹂鸟
	下	春天来了 风铃 送别 游击军 欢乐歌 美丽的朝霞 丰收之歌	梦中的额吉 瑶山乐 凤阳花鼓 阿里郎 罐舞 木瓜恰恰恰 厄尔嘎兹	春 空山鸟语	报灯名 宝莲灯
四年级	上	中华人民共和国国歌 红叶 小白船 牧羊女 快乐的铁匠 快乐的农夫 浏阳河 小小鲤鱼粉红腮	土风舞 我们将震撼你	秋 钢琴变奏曲 龙猫 动物狂欢节 水族馆	司马光砸缸 王二小
	下	我爱中华 中国人 茉莉花 牧场上的家 噢！苏珊娜	茉莉花 小小少年 可爱的一朵玫瑰花	百鸟朝凤 匈牙利舞曲 快乐的号手 查尔达斯舞曲 小铃铛 月亮河	大吊车真厉害 刘胡兰之青松颂
五年级	上	歌声与微笑 在卡吉德洛森林里 采莲谣 我驾飞船上蓝天	弦子舞曲 青春舞曲 踏雪寻梅	彩虹妹妹 自新大陆 小号与弦乐 梁山伯与祝英台	说快板 小熊过桥

内容 ＼ 年级	唯美之声	唯美之形	唯美之器	唯美之戏
下	红星歌 卡农歌 夏日泛舟海上 尼罗河畔的歌声 打起手鼓唱起歌 哦,十分钟	小鸟,小鸟 糖果仙子舞曲 阿拉伯舞曲 花之圆舞曲 芦笛舞曲	牧童短笛 在中亚细亚草原上 土耳其进行曲 赛马 鸭子拌嘴 胡桃夹子组曲	胡桃夹子 女战士和炊事 班长
六年级 上	小白菜 放纸鹤 海鸥 童年 乡间的小路	秧歌舞曲 节日舞 哈哩噜 桑巴舞曲	雪绒花 碰鼻歌 梅花三弄 春江花月夜 十面埋伏	盼红军 法图姑娘
下	国家 黄河大合唱 七色光之歌 八只小鹅	来吧!踢足球 溜冰圆舞曲 王者之舞 马刀舞曲	苦蔓蔓连着苦根根 可爱的家 卡门序曲 "漫步"主题	龙的传人 拉起手

课程实施与评价支撑　提供体验,全面促进儿童音乐美感的成长

为达成"唯美音乐"课程总目标,将"唯美音乐"的基础理论充分运用于教学实践,音乐科组主要从建构"唯美课堂"、打造"唯美社团"、开展"唯美评选"、创设"唯美艺术节"这四方面实施"唯美音乐"课程。

一、 建构"唯美课堂",打造精品音乐课

课堂教育是一个打牢基础、激发兴趣的过程。万丈高楼平地起,学生音乐的发散性发展均从此出发。课堂教学既是学生掌握知识的过程,也是学生潜能开发的过程、

探索发现的过程、实现自我的过程，更是情感体验及音乐实践的过程，这是一个自我参与和体验的形成过程、自我经验的积累过程、音乐情感的获得过程、音乐实践的参与过程，更是人际交往的互动过程。[①] 打造"唯美课堂"特点在于儿童的学习过程从体验入手，关注儿童自主音乐需要、情感体验，成为音乐的爱好者。

（一）"唯美课堂"的内容与组织形式

1. "唯美课堂"的内容。"唯美课堂"的内容依据《义务教育课程标准（2011 版）》的要求进行设定，结合我校各年段实际情况选择教学内容，制定合适儿童身心发展规律的学习计划，从不同艺术角度培养儿童的能力，让每个儿童在不同音乐领域拥有自己的特长，感受到学习音乐的快乐，进而提高音乐素养。

2. "唯美课堂"的组织形式。科组音乐教师利用每周的社团活动时间进行"唯美音乐"课程群"唯美课堂"的实施。每周固定一或两个学时，进行音乐艺术引领，具体的实施时间由各科组教师根据进度表安排。

（二）"唯美课堂"的评价要素

为了激发学生学习兴趣，鼓励学生积极主动参与音乐实践创造，进一步提升其对唯美音乐的表达与创造，我们设计了"唯美课堂"儿童自我评价指标，为儿童创设自主发表和充分探索的音乐学习环境，感受唯美音乐（见表 6-3）。

表 6-3　"唯美音乐"儿童自我评价表

评价项目	评价要点	学习小组互评	教师评价	学生自我评价
课堂表现	喜欢音乐，有积极的学习兴趣 10%			
	主动参与音乐教学活动 10%			
	自信、自然、有表情的歌唱 20%			
	用自由、即兴的创作方式表达情感 20%			

---

① 《新课程·新理念核心素养下的音乐"新常态"课堂》[S]. 南京：江苏人民出版社，2018.12：66.

评价项目	评价要点	学习小组互评	教师评价	学生自我评价
与他人协作	积极参与小组活动 20%			
	与小组成员团结协作 20%			
汇总				

备注：评价结果分为 A、B、C、D 四个等级，其中 A 表示好，B 表示较好，C 表示一般，D 表示尚可。

二、 打造"唯美社团"，拓展音乐学科课程

除了"唯美课堂"之外，为发挥团体对学习爱好的促进作用，科组在课程群的框架下开设"唯美社团"。以"展现音乐，感受音乐"为宗旨，在校内开展多类型音乐社团，统一规划社团活动时间，用"比学赶超"提升儿童音乐素养。

（一）"唯美社团"的实施

结合我校各年级学生特点及兴趣爱好，我校在每周下午四点半活动时间进行"唯美社团"课程。"唯美社团"主要分为两种类型，一种是以表演、比赛为主的音乐社团：合唱社、舞蹈社、管乐社，由我校音乐科组各音乐教师组织展开，均是团体训练，具有针对性。另一种是以提升学生学习音乐兴趣为主的音乐社团：指挥社、电子琴社、街舞社、二胡社等，由外聘教师组织开展，具有普及性。两种类型社团相辅相成，互为补充，丰富了儿童的校园音乐生活。

（二）"唯美社团"的评价要素

1. 过程性评价：教师通过评估学生在活动过程中的表现进行评价，具体分为：根据参与学生的表现给予口头表扬、通报表扬与发放奖励等。

2. 总结性评价：根据对象不同，采取自我评价和教师评价（见表 6-4）。

表6-4 "唯美社团"个人评价表

评价要点	自我评价	教师评价
喜欢参加本社团活动		
能够专心学习		
主动完成社团学习任务		
欣赏他人的音乐表现		
与同伴相互合作、相互帮助		

备注：评价结果分为 A、B、C、D 四个等级，其中 A 表示好，B 表示较好，C 表示一般，D 表示尚可。

三、 开展"唯美评选"，丰富音乐课程内涵

为发挥"唯美课堂"和"唯美社团"的最大效能，开展"唯美评选"活动，旨在了解学生音乐所需的基础技能同时调动其学习音乐的积极性，提升其学习能力与水平，增强其信心。

（一）"唯美评选"的内容与组织形式

以区内各项音乐才艺展演活动为契机，我校通过开展"唯美评选"活动检验"唯美课程"与"唯美社团"的学习成果，还为学生个人才艺展示搭建平台，展现学生精神风貌，提高学生表现能力，促进学生全面发展（见表6-5）。

表6-5 "唯美评选"内容表

项目	举办时间	参赛对象	分组形式
班班有歌声	每年 10 月	3—5 年级学生	按年级分组班级之间评选
校园歌手大赛	每年 11 月	1—6 年级学生	按年级分组个人或小组之间评选
唯美之形	每年 5 月	1—6 年级学生	按年级分组班级之间评选

(二)"唯美评选"的评价要求

作为音乐教育成果的范例,鼓励参与,优中选优,为代表学校参与区级、市级和省级等高要求的展演和比赛做准备(见表 6-6)。

表 6-6 "唯美评选"评价表

评价内容	指标体系	评 选 内 容	评定等级(A、B、C、D)
班班有歌声校园歌手大赛唯美之形	组织建设	1. 规程详细完整。 2. 有专业教师负责。	
	学生表现	1. 展示内容积极向上,风格不限。 2. 选手精神状态积极,富有表现力。	
	教师表现	1. 组织活动能力强。 2. 与班主任、家长有效沟通。	
	活动效果	1. 活动正常开展,受到学生欢迎家长肯定。 2. 学生参与性高,得到锻炼。 3. 活动过程有宣传报道。	

备注:评价结果分为 A、B、C、D 四个等级,其中 A 表示好,B 表示较好,C 表示一般,D 表示尚可。

四、 创设"唯美艺术节",营造校园音乐氛围

以罗湖区大艺术节为契机,我校定期举行校级"唯美艺术节",给予学生展现自我、合作交流的平台,从而拓展学生眼界,提高学生审美水平,引领学生感受唯美音乐。

(一)"唯美艺术节"的内容与组织形式

"唯美艺术节"每年六月围绕"六一儿童节"主题举行,以音乐展示和音乐文化两大内容开展。以班级为单位,各班开展才艺表演,组织游园活动,欣赏节目,观赏才艺表演;以年级为单位,开展音乐特长比赛,鼓励团体进行音乐才艺展示,强调合作性。将各优秀班级才艺展示、优秀年级才艺展示、优秀社团才艺展示结合在一起,搭建"唯美艺术节"音乐展演活动平台。

（二）"唯美艺术节"的评价要求

"唯美艺术节"采用综合评价法进行评测，从儿童的投入程度、家长反馈、教师观察等方面得出评价结果。在活动后，由科组召开集体研讨会进行总结、分析与调整，记录下每次活动的过程与经验，不断完善，不断成长。

综述，"唯美音乐"是一项塑造"人"的工程。它通过对人审美能力的发掘和培养，建构人的审美心理结构，达到陶冶心灵和塑造人格的目的。"唯美音乐"是一种自觉的审美过程，以美感的发生为根本内容贯穿所有的审美因素。在长期的、多次的美感发生和发展中，"唯美音乐"影响学生的情感状态和意向，形成审美情操，从而促使人格发展完善，促进人际交往、情感沟通及和谐社会的构建。

（执笔人：唐振宇　胡顺宇）

第七章

活力体育： 激活儿童参与体育运动的热情

　　毛泽东指出："体育于吾人占第一之位置。体育之效,至于强筋骨,因而增知识,因而调感情,因而强意志。体育者,人类自养生之道,是身体平均发达,而有规则次序之可言者也。德志皆寄予体,无体是无德志也。文明其精神,野蛮其体魄。"鼓励儿童走向操场、走到阳光下,激发儿童参与运动的兴趣,培养体育运动能力,养成终身体育锻炼习惯,让儿童摆脱被动参与体育学习的状态,是"活力体育"的目标。"我阳光,我健康",只有让体育变得丰富多彩,才能让儿童的运动兴趣转变成习惯。

深圳市水库小学体育教研组共有体育教师 11 人,师资优良,年龄结构合理。多人次荣获区优秀教师的荣誉称号,并在省、市、区组织的青年教师基本功比赛、录像课比赛、体育论文比赛中获得一、二等奖。组内教师专项多面,涉及足球、篮球、排球、羽毛球、田径、武术、游泳等多个项目。全组教师秉承着"团结协作、敦本务实、锐意进取、精益求精"的组训,组内气氛融洽、关系和谐。现依据国家教育部颁发的《学校体育工作条例》、《义务教育体育与健康课程标准(2011 年版)》等文件的精神推进我校体育学科课程建设。

课程哲学与价值追求　让体育变得丰富多彩

一、 学科性质

《义务教育体育与健康课程标准(2011 年版)》指出:"体育与健康学科是一门以身体练习和技能学习为主要手段,以增进中小学生健康为主要目的,促进学生全面和谐发展的学科。"[①]小学阶段是培养学生体育参与兴趣和体育锻炼习惯的黄金时期,兴趣的激发与习惯的养成都是为了树立"健康第一"的理念和培养终身体育锻炼的意识奠定基础。体育与健康课程不仅能够使学生获得基本的运动知识和基础的运动技能,还能够培养学生的意志品质、合作精神和良好的行为规范。小学体育与健康课程是学校课程体系的重要组成部分,是实现素质教育和发展全面人才的重要途径。

二、 学科课程理念

"我阳光,我健康",鼓励学生走向操场、走到阳光下,引导学生积极参与体育锻炼,

---

① 中华人民共和国教育部制定. 义务教育体育与健康课程标准(2011 年版)[S]. 北京师范大学出版社,2012:2.

我们以"一生一体艺"为出发点，培养学生至少掌握一项体育特长。我们以"活力体育"为目标，深入研究体育对青少年的思想品德、智力发育、审美情趣的作用，旨在落实《中共中央国务院关于加强青少年体育增强青少年体质的意见》精神，全面推动阳光体育运动在全国的深入实施。①

体育教研组从水库小学实际出发，结合我校校园体育文化建设和学生对体育运动的需求，通过系列体育活动，激发学生参与运动的兴趣，培养学生的体育运动能力，从而养成终身体育锻炼的习惯。

（一）让学生成为运动的主角

体育教师以及学生家长应转变传统的教育观念，鼓励孩子积极参与他们喜欢的体育运动，从被迫的消极锻炼转变成主动的积极锻炼，并掌握自主锻炼的科学方法。因此，课程的设计必须坚持学生的主体地位，摆脱学生被动参与体育学习的状态，关注学生的学习方式，鼓励学生多探索、多合作，同时要正确地引导学生；根据学段的差异和学生的个体差异，合理安排教学内容，合理分配练习时间与空间，让学生早点动起来，多点动起来，从而提高体育课的密度与强度。

（二）让学生爱上体育活动

人对自然产生兴趣，就能引发出对事物的体验，对问题的思索；人对生活产生兴趣，就能引发因好奇而实践，因验证而发现。课程的设置应做到让每个学生乐于参与，创设情景教学、利用游戏、安排新颖的运动等都可以增加学生的学习热情，从而激发学生的体育参与兴趣。只有让体育变得丰富多彩，才能让学生的运动兴趣转变成运动习惯。

（三）让学生学会自主锻炼

体育教师要帮助学生树立正确的体育观念和端正体育态度，培养学生自主锻炼的

---

① 杜雪峰.高校体育社团促进阳光体育运动开展的研究[J].才智，2012 - 05 - 15.

能力,提高学生对体育的认识,使学生了解体育的价值。[①] 因此,课程的设置在教会学生运动技能的同时,更要教会学生体育学习的方法,培养学生积极主动锻炼的意识,围绕"健康第一"的指导思想,提高学生生理、心理、社会适应等能力。

课程目标与核心素养　让运动成为一种习惯

体育与健康课程对于实施素质教育,培养学生的爱国主义、集体主义精神,促进学生德、智、体、美全面发展具有重要意义。通过课程的学习,学生将掌握体育与健康的基础知识、基本技能与方法,增强体能;学会学习和锻炼,发展体育与健康实践和创新能力;体验运动的乐趣和成果,养成体育锻炼的习惯;发展良好的心理品质、合作与交往能力;提高自觉维护健康的意识,基本形成健康的生活方式和积极进取、乐观开朗的人生态度。[②]

一、 学科课程总体目标

1. 水平一学科课程目标(见表7-1):

表7-1　体育与健康课程标准水平一目标表[③]

学习方面	课程目标	学习目标
运动参与	参与体育学习与锻炼	上好体育与健康课并积极参加课外体育活动
	体验运动乐趣与成功	

---

① 陆秀云. 如何培养学生的体育学科核心素养[J]. 体育师友,2016,39(05):30—32.

② 中华人民共和国教育部制定. 义务教育体育与健康课程标准(2011年版)[S]. 北京师范大学出版社,2012:6.

③ 义务教育教师用书. 体育与健康(2013年版)[S]. 人民教育出版社,2014.3.

续表

学习方面	课程目标	学习目标
运动技能	体育运动知识	获得运动的基本知识和体验
	掌握运动技能和方法	学习基本的身体活动方法及体育游戏
		学习不同的体育活动方法
	增强安全意识和防范能力	初步了解安全运动以及日常生活中有关安全避险的知识和方法
身体健康	掌握基本保健知识和方法	初步了解个人卫生保健知识和方法
	塑造良好体形和身体姿势	注意保持正确的身体姿态
	全面发展体能与健身能力	初步发展柔韧性、灵敏性和平衡能力
	提高适应自然环境能力	发展户外运动能力
心理健康与社会适应	培养坚强的意志品质	努力完成当前的学习任务
	学会调控情绪的方法	体验体育活动对情绪的积极影响
	形成合作意识和能力	在体育活动中适应新的合作环境
	具有良好的体育道德	在体育活动中爱护和帮助同学

2. 水平二学科课程目标（见表7-2）：

表7-2 体育与健康课程标准水平二目标表

学习方面	课程目标	学习目标
运动参与	参与体育学习和锻炼	积极参加多种体育活动
运动技能	学习体育运动知识	学习奥林匹克运动的相关知识
		体验运动过程并了解运动名称的含义
	掌握运动技能和方法	提高基本身体活动和完成体育游戏的能力
		初步掌握多种体育活动方法
	增强安全意识和防范能力	重视体育活动和日常生活中的安全问题
身体健康	掌握基本保健知识和方法	了解个人卫生保健知识和方法
		初步了解疾病预防知识
	塑造良好体形和身体姿势	改善体形和身体姿态

学习方面	课程目标	学习目标
	全面发展体能与健身能力	发展柔韧性、灵敏性、速度和力量
	提高适应自然环境能力	增强适应气候变化的能力
心理健康 与 社会适应	培养坚强的意志品质	坚持完成有一定困难的体育活动
	学会调控情绪的方法	在体育活动中保持积极稳定的情绪
	形成合作意识和能力	在体育活动中乐于交流与合作
	具有良好的体育道德	遵守运动规则并初步自我规范体育行为

3. 水平三学科课程目标（见表7-3）：

表7-3 体育与健康课程标准水平三目标表

学习方面	课程目标	学习目标
运动参与	参与体育学习与锻炼	学会通过体育活动进行积极性休息
	体验运动乐趣与成功	感受多种体育活动和比赛的乐趣
运动技能	学习体育运动知识	丰富奥林匹克运动的知识
		了解运动项目的知识
		学会体育学习和锻炼
		观看体育比赛
	掌握运动技能和方法	掌握有一定难度的基本身体活动方法
		基本掌握运动项目的技术动作组合
	增强安全意识和防范能力	初步掌握运动损伤及常见意外伤害的预防与简易处理方法
身体健康	掌握基本保健知识和方法	初步了解人体运动系统
		了解卫生防病的知识和方法
		了解食品安全与健康的关系
		初步掌握青春期的生长发育特点与保健知识
	塑造良好体形和身体姿势	保持良好的身体姿态
	全面发展体能与健身能力	提高灵敏性、力量、速度和心肺耐力

续表

学习方面	课程目标	学习目标
心理健康与社会适应	培养坚强的意志品质	在体育活动中表现出克服困难的意志品质
		正确认识和对待身体条件和运动能力的差异
	学会调控情绪的方法	在体育活动中注意调节自己的情绪
	形成合作意识和能力	在团队体育活动中能较好地履行自己的职责
	具有良好的体育道德	在体育活动中尊重相对较弱者

二、 学科课程年段目标

1—6 年级学科课程的具体目标(见表 7－4)：

课程框架与目标匹配 设计多样化体育课程

我校体育与健康课程框架根据课标标准的要求,设立基础性课程和拓展性课程。

基础课程按国家课程标准要求实施,旨在帮助学生在体育锻炼中体验运动乐趣,获得基本的运动技能,增强体质,形成坚强的意志品质,属必修课程。

拓展课程有效结合我校师资条件和采用购买服务的形式外聘教练员为学生提供多样化的课程,基本满足学生个性化的需求。学生可以根据自身特点选择一门喜欢的体育课程,培养学生的运动兴趣,提高运动能力,促进运动技能的形成,属选修课程。

一、 学科课程结构

依据《义务教育体育与健康课程标准(2011 年版)》和体育学科核心素养以及小学

表7-4 "活力体育"课程年级目标一览表①

维度 年级	运动参与	运动技能	身体健康	情感态度
一、二年级	1. 不旷课，积极主动地参加新课完成学习任务。 2. 愉快地参加新的情景类、角色扮演类、竞赛类等体育游戏和体育活动。	1. 知道跑步、篮球、乒乓球、游泳等运动项目的名称。 2. 体验速度、节奏、力量、方向等运动现象。 3. 在体育游戏活动中完成多种形式的走、跑、跳、投、抛、掷、击、攀、爬、钻、滚动和支撑等动作。 4. 学习小篮球、小足球、乒乓球等适合学生学习的球类游戏。 5. 学习横队和纵队队齐、向左（右）前、后转、站立、蹲立、稍息、踏步、齐步走等基本体操动作；棍、球、绳等基本轻器械体操动作；多种个人和集体的舞蹈动作、韵律动作。 6. 知道基本的安全运动知识和方法，注意体育活动和日常生活中的安全。	1. 按时进餐，不挑食，不偏食，知道牛奶、豆类等食物的好处；按要求做眼保健操。 2. 指出正确的坐立行姿态。 3. 完成多种柔韧性练习，如横叉、纵叉、仰卧推起成桥、坐位体前屈等柔韧性练习。 4. 完成多种灵敏性练习，如8字跑、绕行跑等跑类灵敏性练习。	1. 按要求努力完成教师在课堂上布置的体育与健康学习任务。 2. 体验体育活动前后情绪变化的感受。 3. 在新的合作环境中愉快地进行体育活动和体育游戏，与同学友好相处。 4. 当同学在体育与健康学习中遇到困难或需要帮助时能够主动提供帮助。

① 义务教育教师用书.体育与健康(2013年版)[S].人民教育出版社,2014:3.

续表

维度 年级	运动参与	运动技能	身体健康	情感态度
三、四年级	1. 愉快地参加新的情景类、角色扮演类、竞赛类等体育游戏和体育活动。 2. 感受体育活动和比赛中的乐趣，获得成功的体验。	1. 使用正确的术语描述已经学过的动作。 2. 在体育游戏中完成快速的曲线跑、合作跑、持物跑、单、双脚连续向高和向远跳跃，双手投掷和抛物，有一定速度要求的攀、爬、钻等动作。 3. 初步掌握小篮球、小足球、羽毛球、乒乓球的基本方法。 4. 初步掌握有队形的跑步走，起步走，变换、爬绳、单杠、双杠、山羊、垫上的等体操基本动作。 5. 初步掌握武术的基本组成动作，6—8个简单动作组成的武术套路。 6. 基本掌握体育活动中自我保护和相互保护的知识，消除体育活动中安全隐患的识别和预防等知识；掌握鼻出血的简单处理方法以及其他简便的止血方法。	1. 学会合理用眼，注意用眼卫生，定期检查视力；初步树立食品卫生意识，不吃不洁、腐败变质、超过保质期的食品；认识烟草对健康的危害；树立尊重生命、保护生命的意识。 2. 初步了解身高，体重的合理比例及其重要性，合理膳食和体育锻炼对改善体形的作用；自我矫正和督促同伴矫正不正确的身体姿态。 3. 知道心肺耐力、力量、柔韧性、身体成分、速度、灵敏性是体能的组成部分。 4. 通过横叉、纵叉、仰卧推起成桥、坐位体前屈等练习发展柔韧性。 5. 通过十字象限跳、绕行跑等练习发展灵敏性。 6. 通过50米跑、15秒快速跳绳等练习发展速度。 7. 通过立卧撑、纵跳摸高和斜身引体等练习发展力量。	1. 在有氧练习中不怕苦累，坚持完成任务。 2. 在耐久跑、小篮球游戏比赛等活动中排除干扰，情绪饱满。 3. 乐于与同伴共同参加并完成体育活动。 4. 在体育活动中做到文明用语，讲礼貌，遵守规则。

续表

维度 年级	运动参与	运动技能	身体健康	情感态度
五、六年级	1. 认识到适当的体育活动是一种积极性休息方式并付诸实践。 2. 感受体育活动和比赛中的乐趣，获得成功的体验。	1. 增加对奥林匹克运动的了解。 2. 了解多种运动项目的名称以及基本的健身价值。 3. 初步具有自主学习和探究学习的能力，初步掌握简单的科学锻炼方法。 4. 基本掌握一些球类运动项目的技术动作组合。 5. 基本掌握一些体操类运动项目的简单技术动作套路。 6. 基本掌握一些简单的武术动作组合。 7. 基本掌握一些其他有一定难度的民间传统体育活动项目的基本技术。 8. 了解并学会一些常见意外伤害及运动损伤与简易处理方法。	1. 了解并学会一些运动损伤及常见意外伤害的预防与简易处理方法。 2. 了解一些疾病预防的基本知识和方法。 3. 了解食品安全的基本知识。 4. 了解青春期的生长发育特点及保健常识。 5. 初步了解不同的身体姿态所代表的礼仪内涵，并保持良好的身体姿态。 6. 通过多种练习提高学生的灵敏性、力量水平、速度水平、心肺耐力。	1. 在比较困难的体育活动中表现出自信和客服困难的勇气。 2. 正确认识自己及他人的身体条件和运动能力，并对自己充满信心。 3. 在体育活动中遇到挫折时注意控制自己的情绪，表现出自制能力。 4. 乐意融入团队体育活动并能完成自己的任务。 5. 对体育道德具有一定的认识并能努力求实践。

生的生理、心理发展特点,结合我校的师资及场地条件。我校的"活力体育"学科课程设置"基础课程"和"拓展课程"两大类别,具体结构如下图所示(见图7-1)。

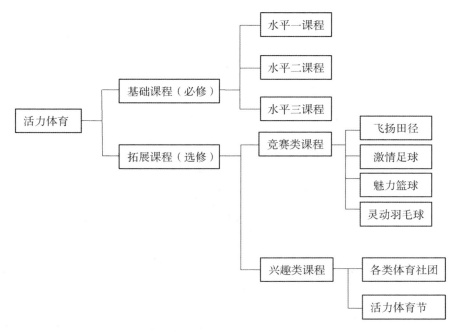

图7-1　深圳市水库小学"活力体育"课程框架图

二、 学科课程设置

根据"活力体育"的课程结构,我校的"活力体育"设置了必修课程和选修课程。1—6年级的必修课程为人教版体育与健康全一册教材规定的课程内容,选修课程根据学生的年龄特点和兴趣爱好进行分类,具体设置如下(见表7-5)。

表7-5 深圳市水库小学体育与健康课程"活力体育"课程设置表

内容 年级	基础课程（必修）	拓展课程（选修）	
		兴趣类	竞赛类
一年级	人教版体育与健康1—2年级全一册水平一课程	篮球、羽毛球、乒乓球、围棋、国际跳棋、武术、跆拳道、击剑。	田径运动会 班级足球赛
二年级	人教版体育与健康1—2年级全一册水平一课程	篮球、羽毛球、乒乓球、围棋、国际跳棋、武术、跆拳道、击剑。	田径运动会 班级足球赛
三年级	人教版体育与健康3—4年级全一册水平二课程	篮球、羽毛球、乒乓球、围棋、国际跳棋、武术、跆拳道、网球、棒球。	田径运动会 班级足球赛
四年级	人教版体育与健康3—4年级全一册水平二课程	田径、篮球、射箭、棒球、羽毛球、乒乓球、围棋、国际跳棋、武术、跆拳道、网球。	田径运动会 班级羽毛球赛
五年级	人教版体育与健康5—6年级全一册水平三课程	篮球、射箭、棒球、羽毛球、乒乓球、围棋、国际跳棋、田径、武术、跆拳道、网球。	田径运动会 班级羽毛球赛、班级篮球赛
六年级	人教版体育与健康5—6年级全一册水平三课程	篮球、射箭、棒球、羽毛球、乒乓球、围棋、国际跳棋、田径、武术、跆拳道、网球。	田径运动会 班级羽毛球赛、班级篮球赛

课程实施与评价支撑　让体育学习充满活力

　　为了落实深圳市水库小学"一生一体艺"总体规划，培养学生的体育学科核心素养，促进学生形成终身体育锻炼意识。体育组教师依据体育与健康课程的理念及目标要求，提出"活力体育"课程，包括基础课程和拓展课程。通过这些课程的实施，使学生在体育与健康知识、运动技能习得、体能的增强和学习行为等方面得到充分发展。具体而言,包括以下四个方面。

一、 建构"活力课堂",落实体育课程

建设符合我校实际情况的体育与健康学科"活力课堂",主要有以下具体举措:

(一)"活力课堂"的实践推进

1. 依标靠本,制定计划。学校在实施基础课程中,依据课标的四个领域目标,严格按水平段来确定选择教学内容,制订单元教学计划,注重单元教学的整体性和连续性,开展适宜本校实施的体育与健康课程,从不同的层面培养学生的能力,切实考虑学生的身心发展,以实现体育课程标准的总体目标。

2. 因地制宜,合理选择。教师根据课标目标要求,选择和设计教学内容,根据水平段的体育课程教材,结合学校的场地设备条件进行实施,充分考虑学生的运动兴趣与需求,教学内容上安排一些学生喜闻乐见的运动项目,激发与培养学生的运动兴趣。[1]

3. 扣新理念,多维教学。在小学阶段,学生身心处在不断变化中,集中注意力的时间短,容易受外界干扰,对于"填鸭式"和机械重复的学习容易产生疲劳和抗拒。为使体育教学适宜学生的身心发展特点,教师必须要树立新的课程观和教学理念,在教学实践中运用多维教学,努力创设民主、和谐的体育与健康教学情境,有效运用自主学习、合作学习、探究学习与传授式教学方法,引导学生在体育活动中,通过自主参与、乐于探索、合作交流等方式获得体育与健康基础知识、运动技能和合作交往等能力,使学生的学习效率全面提升。[2] 创设良好的体育学习环境的同时,教师要尊重学生的人

---

[1] 中华人民共和国教育部制定. 义务教育体育与健康课程标准(2011 年版)[S]. 北京师范大学出版社,2012: 43.

[2] 中华人民共和国教育部制定. 义务教育体育与健康课程标准(2011 年版)[S]. 北京师范大学出版社. 2012: 44.

格,关注学生之间的个体差异,在教学中区别对待学生,关注学困生,因材施教,提高他们的自尊自信,促进每一位学生更好的发展。

具体实践中,在水平一阶段的教学过程中,教师的教学注重培养学生的运动兴趣和习惯,使学生积极主动参与课内外体育活动。教学内容安排简单的身体活动基本动作和体育游戏,使学生掌握简单的走、跑、跳、投等动作,鼓励学生认真完成体育学习和锻炼任务。在水平二阶段的教学过程中,重点提高学生的基本身体活动和完成体育游戏的能力,了解体育运动的相关知识,乐于参加新的体育活动、体育游戏和比赛,初步掌握几项球类活动的基本方法和了解个人卫生保健知识的方法。水平三阶段教学过程中,注重培养孩子体验多种体育活动和比赛的乐趣,感受运动的魅力。教学上安排有一定难度的基本身体活动动作和连贯的技术动作组合的练习内容以及身体健康方面的基础知识,促进学生在小学阶段的身体和心理得到全面发展。

(二)"活力课堂"的多元评价

有效全面的评价会激发学生的学习兴趣,激励学生积极主动参与体育锻炼活动,从而促进学生学习效率的提高。教师对学生评价要客观真实,要注重终结性评价和过程性评价相结合,绝对性与相对性评价相结合的原则[1]来全面评价学生,对学生的学习评价不仅仅局限于运动能力和运动技能,更应重视学生的学习态度、运动参与、情意表现与合作精神等方面的因素来对学生进行学习行为过程的评价。

对学生的学期综合评价,会结合学习行为过程、体育项目测验及体育家庭作业等环节来进行综合评定,评定以等级形式呈现,不以分数形式呈现。每个环节各占一定的权重,低年级应侧重学习过程的评价,高年级侧重体育项目测验及运动参与方面的评价。具体评价内容如下(见表7-6)。

---

[1] 唐金勇.科学发展观背景下对学生体育学习评价的研究[J].中国民航飞行学院学报,2010-11-15.

表 7 - 6　深圳市水库小学体育与健康学习个人评价表(样表)

学生姓名：　　　　　　　　班级：　　　　　　　　学年：

评价内容	评 价 范 围					权重%	综合评分
体育项目测验	项目内容	项目 1	项目 2	项目 3	…	40	
	项目成绩						
	等级评价(A、B、C、D)						
体育家庭作业	作业内容	项目 1	项目 2	项目 3	…	20	
	完成情况(A、B、C、D)						
学习行为过程	运动参与：能积极主动参与体育活动,乐于参加新的体育活动等。情意与合作：坚持完成有一定困难的体育活动,乐于交流与合作,遵守运动规则等。					40	
						等级	

二、 开展"活力社团",丰富体育课程

学校开设的各项体育社团课程是基础课程的延伸和补充,与基础课程的"活力课堂"相比,"活力社团"更具有针对性、实践性及广泛性。随着我校"一生一体艺"计划的不断推进,我校"活力社团"以"分类指导、全面普及"为宗旨,开展了形式多样的体育社团课程,旨在提高学生的体育运动能力和促进形成体育技能,为建设体育"活力社团"开创出一条符合学校实际情况的路子。

(一)"活力社团"的类型构成

我校的"活力社团"主要分为两种类型,一种是以竞赛为目的的"竞赛体育社团",主要由本校体育老师组织开展,具有针对性。另一种是以发展学生运动兴趣为目的的"兴趣类体育社团",由外聘教师负责开展,具有普及性。两种类型社团相辅相成,共同为本校学生提供了一个交流和学习的平台,丰富校园文化生活,促进学生全面发展。

（二）"活力社团"的评价要求

通过有效全面的评价，教师可以了解学生学习和发展的情况，为制定下一步教学计划做好准备，学生知道自己的优点和不足，可以激发学习的动力和提升学习的自信，培养学生克服困难的意志品质，形成良好的锻炼习惯和生活方式。

学校体育社团评价方式主要以定性评价与定量评价为主，对体能、知识与技能指标应主要采用定量评价的方法，对态度与参与、情意与合作指标主要采用定性评价的方法。[①] 每学期期末，各社团负责人梳理学生的学习情况，结合学生学习态度，知识技能掌握及情意与合作等进行总的评价。按优秀、良好、合格三个等级，给相应的学生发放《达标卡》。

三、 搭建"活力竞赛"，活跃体育课程

实践是检验真理的唯一标准。学生通过基础课程和拓展课程的学习，基本掌握一项或两项以上的体育技能。学校通过定期举办体育竞赛，既检验了体育"活力社团"课程的训练成果，又丰富了体育课程内涵，为学生展示个人风采搭建平台，激发学生的运动兴趣，提高了学生的体育运动能力，促进学生全面发展。

（一）"活力竞赛"的内容（见表 7-7）。

表 7-7　深圳市水库小学体育与健康课程"活力竞赛"内容表

项目	举办时间	参赛对象	分组形式
激情足球	每年 4—6 月	1—3 年级学生	按年级分组班级之间对抗
魅力篮球	每年 10—12 月	5—6 年级学生	按年级分组班级之间对抗
灵动羽毛球	每年 5—6 月	4—6 年级学生	按年级分组个人之间对抗

---

① 陈建桥. 关于新课改下体育学习评价若干问题的思考[J]. 成才之路，2013-01-15.

（二）"活力竞赛"的评价要求（见表7-8）。

表7-8 深圳市水库小学体育与健康课程"活力竞赛"评价表

评价内容	指标体系	等级内容	评定等级（A、B、C、D）
激情足球 魅力篮球 灵动羽毛球	组织建设	1. 规程详细完整。 2. 有专业教师负责。	
	活动目标和计划	1. 活动目标具体明确。 2. 有行动计划。 3. 计划切合实际，且可操作。	
	学生表现	1. 主动参与，出勤率高。 2. 有合作，有交流。 3. 明白竞赛规则。 4. 体育技能熟练程度。	
	教师表现	1. 组织活动能力强。 2. 与班主任、家长有效沟通。	
	活动效果	1. 活动正常开展，受到学生欢迎家长肯定。 2. 学生参与性高，得到锻炼。 3. 活动过程有宣传报道。	
	活动记录和保存	1. 记录清晰完整。 2. 规程、赛事记录表、竞赛结果保存完整。	
	活动安全	1. 无重大安全事故。 2. 活动安全措施到位。	

四、打造"活力体育节"，浓郁体育氛围

为遵照体育与健康课程"健康第一"的指导思想和落实"立德树人"的根本任务，体育与健康课程要强调实践性，突出学生的学习主体地位。为此，学校将会每年举办一次"活力体育节"，让学生感受运动魅力，更好的促进学生之间、学生与教师之间、学生

与家长之间的交流与沟通,展现学生的风采,发展学生的体育特长,增强学生的体质,丰富校园体育文化,扎实有效推进学校"活力体育"课程落地,提升体育课程氛围,丰富学校"小浪花"课程内涵。

(一)"活力体育节"的主要内容

学校开展的"活力体育节"内容设置丰富,涵盖体育竞赛和体育文化两大方面内容。在体育竞赛项目安排上会根据学生的年龄特点进行设置,低年级侧重兴趣类、团体性和短距离的比赛项目,高年级侧重团体和技能类的项目。在体育文化上会设置班旗设计和班级风采展示的内容,丰富"活力体育节"的内涵。具体内容如下(见表7-9)。

表7-9 深圳水库小学体育与健康课程"活力体育节"项目表

项目类型	项目内容	参赛人群
班旗设计	设计班级运动会 LOGO、运动会口号等	家长及学生
班级风采	队形队列、精神面貌、节目表演、班级口号	各班学生及班主任
亲子项目	内容不固定,以趣味性的接力形式竞赛为主	1、2 年级学生及家长
径 赛	50 米、100 米、200 米、400 米、800 米、迎面接力、10×200 米接力。	1—6 年级学生
田 赛	跳高、跳远、投实心球	5、6 年级学生
跳 绳	10 人跳短绳接力、10 人 8 字跳长绳	1—4 年级学生
摇呼啦圈	正反各摇 1 分钟	1、2 年级学生
篮 球	原地运球比多、六人五分钟投小篮	3、4 年级学生

(二)"活力体育节"的评价要求

对于"活力体育节"的评价,我们会制定相应的方案,主要以奖励为主。方案会规定评奖的要求和奖励的办法,以此评定奖项和等级。具体奖励事项如下(见表7-10)。

表 7-10　深圳市水库小学体育与健康课程"活力体育节"评定表

奖励内容	奖项设置	分　组　方　法
班旗设计	一、二、三等奖	年级为单位,评出一、二、三等奖。
班级风采展示	"优秀组织奖"	两个年级为单位,评出 50% 的班级为"优秀组织奖"。
运动会团体总分	第一—第五名	年级为单位,各班按总分排名。
个人评定	第一—第六名	以单项成绩为评定,奖励前六名。

综上所述,"活力体育"是以发展学生的身心健康为出发点,科学、生动的体育课堂为根基,从而拓展丰富多彩的体育社团和体育赛事,营造良好的校园体育文化和体育氛围,让学生在阳光下成长,在阳光下运动。

（执笔人：田广浩　谢伟锋）

第八章

积极心育：挖掘每一个孩子的生命潜能

　　周恩来说过：任何新生事物在开始时都不过是一株幼苗，一切新生事物之可贵，就因为在这新生的幼苗中，有无限的活力在成长，成长为巨人，成长为力量。积极是人类固有的一种本性，每个人都有自身潜在的自我内心冲突，也有潜在的自我完善能力。但这并不意味着这种积极力量在任何情况下都能自发地表现出来，就像农民播下一粒种子，没有后天的其他条件，它就无法顺利成长。心育就是要挖掘每一个孩子的心理潜能，帮助孩子实现自我成长。在教授知识的同时，我们更重视学生的心理发展，培养儿童积极的心理力量。

深圳市水库小学心育中心组现有教师 55 人，其中 51 人是我校各班班主任，1 名专职心理教师，2 名驻校特教以及 1 名驻校社工。全体班主任皆具有广东省心理健康教育 C 证，在日常的班级管理中关注着学生的心理发展。专职心理教师负责校内心理课程和个体辅导。特教专门针对我校特殊学生给予一对一的个体评估与辅导，帮助家长和教师更好地理解学生、帮助学生。社工是学校与社区的链接，带学生参与到社区的活动中去。我们依据《中小学心理健康教育指导纲要（2012 年修订）》文件精神，推进我校心理健康教育学科课程建设。

课程哲学与价值追求　让人性的积极力量自发表现出来

一、　学科性质观

《中小学心理健康教育指导纲要（2012 年修订）》指出"中小学心理健康教育是提高中小学生心理素质、促进其身心健康和谐发展的教育，是进一步加强和改进中小学德育工作、全面推进素质教育的重要组成部分。小学生正处于身心发展的重要阶段，随着生理、心理的发育和发展、竞争压力的增大、社会阅历的扩展及思维方式的变化，在学习、人际关系、情绪调适、人格发展、亲子关系以及升学等各方面可能会遇到或产生各种心理困扰或问题。在小学阶段进行心理健康教育是学生身心成长的需要，也是全面推进素质教育的必然要求"。

在生活中我们每一个人都不可避免会遇到问题，都会有难过、悲愤等不舒服情绪的时候。我们不能帮孩子免除一切的困难或负面情绪，因为没有心理问题的人也并不意味着就一定是健康、幸福的人。真正心理健康的人是能应对心理问题的人。积极心理学认为，积极是人类固有的一种本性，每个人都有自身潜在的自我内心冲突，也有潜在的自我完善能力。但这也并不意味着这种积极力量在任何情况下都能自发的表现出来。就像农民播下一粒种子，没有后天的其他条件，它就无法顺利成长[①]。因此，积极心育就是要挖掘每一个孩子的心理潜能，帮助孩子实现自我帮助。

二、 学科课程理念

积极心理学是一门从积极角度研究传统心理学研究的东西的新兴科学，是以Seligman 和 Csikzentmihalyi 的 2000 年 1 月发表的论文《积极心理学导论》为标志。其核心思想是心理学的功能应该在于建设而不是修补，因此，积极心理学以正常的、健康的普通人为研究对象，关注于人类积极的品质，以充分挖掘人固有的潜在的具有建设性的力量，促进个人和社会的发展，使人类走向幸福为目的。

结合我校实际，以积极心理学为指导，积极心育首先要培养学生积极品质。我们都希望学生拥有自信、乐观、坚毅、勇敢等积极的心理品质。这些积极心理品质能让学生在面对生活中的困难挑战时，勇于挑战，积极应对。

其次，积极心育给学生体验积极情绪。情绪是一种主观体验，可以分为积极情绪和消极情绪。积极的情绪体验可以包括对愉悦感、幸福感、希望和乐观的体验，增加积极情绪体验不仅能缓解不良的生理反应，还有助于培养学生的积极人格，有助于学生建立和谐人际关系、提高学习效率、提高生活满意度；反之，人际关系和谐、学习效率高、生活满意度高也能增加个体的积极情绪体验，它们之间是相辅相成的[②]。

此外，积极心育重视积极人际关系的建立和维护。人际关系是社会化发展的重要一环，一个人如果被伙伴接纳、被所属群体所接受，当他遇到困难和挫折也能找人帮助，由此获得社会支持和安全感。这对小学生心理发展与社会化成长起着重要作用。

最后，积极心育帮助学生提高学习能力，激发学习兴趣。进入小学，学习成绩成为了大部分家长和老师的追求，同时也给学生带来压力。有的学生可能产生厌学情绪或

---

① 郭菊. 积极心理学取向下的小学心理健康教育模式研究[D]. 四川：四川大学出版社，2014：10.
② 汤妮. 小学心理健康教育方法的建构[J]. 中小学心理健康教育，2019(2)：22—25.

回避行为。积极心育希望能激发学生内在学习动机和兴趣,通过活动掌握学习技巧,帮助学生提高学习能力。

课程目标与核心素养　形成良好的心理品质和行为模式

确立学科课程目标是建构学校心理健康教育课程体系的基础。为此,我们依据《中小学心理健康教育指导纲要(2012 年修订)》《广东省教育厅关于中小学心理健康教育工作规范指引》和学校的实际确立心理健康教育课程目标。

一、 学科课程总体目标

教育部颁布的《中小学心理健康教育指导纲要(2012 年修订)》提出心理健康教育的总目标是:提高全体学生的心理素质,充分开发他们的潜能,培养学生乐观、向上的心理品质,促进学生人格的健全发展。在此基础上,积极心育的目标更注重的是挖掘每一个孩子的心理潜能,以积极和发展为取向,致力于用积极的内容和方式来激发学生积极的心理品质,提高学生的心理免疫力,帮助学生掌握解决问题的方法,从而实现自我成长、自我帮助。

二、 学科课程年级目标

《中小学心理健康教育指导纲要(2012 年修订)》中明确指出各年段学生的阶段目标,结合学校积极心育课程总体目标以及不同年龄阶段学生的身心发展特点,我们制定了分学段课程目标(见表 8‐1:各年级课程目标)。

表 8-1　各年级课程目标

	教　学　目　标
一年级	1. 帮助学生初步认识自己的优点,初步感受乐于尝试的积极体验。 2. 帮助学生认识班级、学校、日常生活环境和基本规则。 3. 帮助学生了解自己的情绪,学会体验并初步学会表达情绪。 4. 帮助学生进行学习习惯的培养与训练,初步感受学习知识的乐趣。
二年级	1. 帮助学生了解自己的外表,初步学会自我控制,树立纪律意识。 2. 培养学生礼貌友好的交往品质,在谦让、友善中感受友情。 3. 帮助学生了解自己的情绪,学会体验并初步学会表达情绪。 4. 帮助学生进行学习习惯的培养与训练,初步感受学习知识的乐趣。
三年级	1. 帮助学生了解自我,认识自我。 2. 帮助学生感受个人想法对情绪和行为的影响,愤怒情绪及其应对。 3. 树立集体意识,善于与同学、老师配合,培养学生合群、自主、合作的能力。 4. 初步培养学生的学习能力,激发学习兴趣和探究精神,乐于学习。
四年级	1. 培养学生对不同社会角色的适应,培养诚实、守信的品格。 2. 帮助学生感受个人想法对情绪和行为的影响,愤怒情绪及其应对。 3. 了解生命的历程和珍贵,懂得珍惜生命,引导学生面对困难和挫折。 4. 初步培养学生的学习能力,激发学习兴趣和探究精神,乐于学习。
五年级	1. 帮助学生正确认识自己,在各种活动中悦纳自己。 2. 帮助学生正确地面对负面情绪,学会恰当地表达情绪。 3. 帮助学生扩大人际交往的范围,积极促进学生的亲社会行为。 4. 帮助学生掌握有效的学习方法,克服学习困难,端正学习动机,调整学习状态,体验学习成功的乐趣。
六年级	1. 帮助学生正确认识自己,在各种活动中悦纳自己。 2. 帮助学生正确地面对负面情绪,学会恰当地表达情绪。 3. 开展初步的青春期教育,引导学生进行恰当的异性交往,建立和维持良好的异性同伴关系。 4. 培养学生分析问题和解决问题的能力,为初中阶段学习生活做好准备。

课程框架与目标匹配　设计有点有面的心理辅导课程

积极心育以《中小学心理健康教育指导纲要(2012 年修订)》为依据,结合我校实际情况,在实践中探索适合我校学生的心理健康教育课程。

一、 学科课程结构

根据国家有关方针政策,中小学心理健康教育并没有统一的国家统编教材,也没有安排此课程进课表。我们依据学校近年来开展心理教育的基础,初步形成了以心理教育为突破点的学校特色发展思路,提出了"创建特色学校和学校优质发展同步走"的学校发展策略,将我校心理健康教育课程分为积极课堂、积极实践、积极家校以及积极社区等(见图8-1:积极心理课程框架图)。

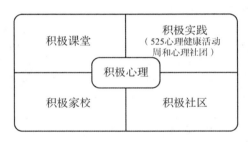

图8-1 积极心理课程框架图

(一) 积极课堂

"积极课堂"包括专职心理老师负责的心理健康课和班主任老师组织开展的班团队会活动、各学科心理教育的渗透。其中以心理健康课为"积极课堂"的主体。

积极心育的目的是让学生发掘自己的心理潜能,因此学生才是课堂的主体,老师的作用在于给学生创造思考和体验的机会。因此心理健康课没有考试,也没有固定的知识点,更没有统一的教材,所有的资料都可以成为教材。这给我们备课带来更大的挑战,因为没有限制,所以时常要寻找最新的资料,有时还需要自己去编辑视频音频材料。对于同一个主题的教学根据学生情况的不同所准备的材料也不同,例如在三年级"认识自我"课上适合采用绘本故事,但在六年级就不合适,要改成流行的视频等。目前我校已在收集每一节课的材料，通过充分开发、有效利用课程资源，对于丰富我校积极心理课堂的课程内容，增强课程的开放性、生成性和教学活力具有重要的意义。

（二）积极实践

除了课堂学习，学生还能在各种各样的实践活动中体验积极的情感，经历积极的经历。因此，"积极实践"旨在为学生创造实践的机会，其内容为"525心理健康周"等主题教育活动和心理社团活动。通过丰富多彩的心理实践活动，营造生生与师生的互动交流场域，促进学生建立自信，提高人际交往能力，培养积极乐观的品格。

（三）积极家校

如果说学生是幼苗，那么家庭教育便是养育幼苗的那方土壤，对学生积极心理的培养起重要作用。因此，积极心育还提供家长学校和家长家庭教育咨询、家庭教育访谈等活动，旨在多途径帮助家长纠正消极的家庭教育观念和教育方式，逐步提高家长积极的教育理念与实践，使学生的积极心态、健全人格在学校、家庭、社会构成的"三位一体"的成长环境中得以良好形成。

（四）积极社区

在做好本校学生心理健康教育的基础上，充分发挥示范引领作用，积极对接社会服务需求，联合各周边社区协同开展不同形式和内容的心理健康服务工作，不断深化和拓展学校心理健康工作的社会服务功能，提升心理健康教育工作的辐射作用。

二、 学科课程设置

在组成积极心育的四个部分中，"积极家校"、"积极社区"及"积极实践"中的525心理健康活动周面向的对象是全校学生或家长，不具体分年级。而根据不同年级学生

的心理特点及需求,每个年级"积极课堂"和"积极实践"中的心理社团的侧重点不同,主题也不同。(见表 8-2)

表8-2 各年级课程设置表

	积极课堂	积极实践	积极家校	积极社区
一年级	通过共读各种绘本培养学生良好品质的系列心理课	1. 525 心理健康活动周 2. 绘本心理社团	正面管教家长沙龙、其他专题家长讲座	由社区牵头学校组织的社会实践活动
二年级	通过共读各种绘本培养学生良好品质的系列心理课			
三年级	以认识与管理情绪为主题的系列心理课	1. 525 心理健康活动周 2. 情绪管理心理社团		
四年级	以学习心理为主题的系列心理课			
五年级	以认识自我为主题的系列心理课	1. 525 心理健康活动周 2. 人际交往心理社团		
六年级	以青春期及人际交往为主题的系列心理课			

课程实施与评价支撑　全面渗透与关注个体相结合

心理健康教育课程是一门兼具专业性、实践性和综合性的课程。与一般学科课程不同的是,心理健康教育课程特别注重开放性、实践性、亲历性、活动性、体验性。因此,在课程实施中会为学生创造足够的时间和空间,让学生在活动中去经历、体验、感受、表达。为此,根据"挖掘每一个孩子的心理潜能"的课程理念,我校心理健康教育学科课程的实施主要从以下几个方面着手。

一、 打造"积极课堂"，彰显心育课堂生命活力

"积极课堂"是在我校"挖掘每一个孩子的心理潜能"课程理念下建立的心理健康教育课，是注重学生活动体验的、开放的、动态的课堂，是真正体现学生主体性的课堂，具有本真、丰富、和谐、灵动、积极的特点。具体来说就是教师在课堂上营造活动情境，激发学生主动体验的热情，让学生始终在和谐、愉悦的积极参与中，尽享生命成长的快乐与幸福。建设符合我校心育学科实际的"积极课堂"，主要包括基本要求、推进策略和评价要求三个方面。

（一）"积极课堂"的基本要求

"积极课堂"的基本要求需实现六个关键词：(1)本真：教师要从学生实际需求出发，尊重学生主体地位，关注学生学习的不同感受。(2)丰富：教学中要创造性地使用各种材料，力求教学内容丰富充实，促进学生综合能力全面发展。(3)和谐：教学过程中，要关注跨学科资源整合，恰当运用多媒体技术，注重教学各环节的层次性、主题性。(4)灵动：创设情境，关注课堂生成，注重学生学习感受的交流和分享，让课堂在智慧火花的碰撞下闪光。(5)融合：教学方式多样，教师评价高效，切合学生实际，促进学生自我反思与成长，从而实现自我。(6)积极：学生在课堂中情绪饱满积极参与，真诚表达，有创新意识和批判性精神。

（二）"积极课堂"的评价要求

依据我校"挖掘每一个孩子的心理潜能"的学科内涵，我们设计了评价量表，以量化的方式对课堂进行评价。听评课后，由听课教师填写评价表交给执教教师，通过评价量化分数曲线图的绘制，记录教师心育课堂教学成长的过程(见表8-3)。

表 8-3 "积极课堂"评价标准表

本真 10 分	1. 尊重学生主体地位； 2. 关注学生学习感受。			
	10—9 分	8—7 分	6 分	6 分以下
丰富 10 分	1. 创造性使用各种材料； 2. 综合能力全面发展。			
	10—9 分	8—7 分	6 分	6 分以下
和谐 20 分	1. 注重学科资源的整合与开放； 2. 多媒体技术运用有效、恰当。			
	20—18 分	17—14 分	13—12 分	12 分以下
灵动 20 分	1. 注重情境创设,关注课堂生成； 2. 善于激励调控,注重接受与探究方式的结合。			
	20—18 分	17—14 分	13—12 分	12 分以下
融合 20 分	1. 教学方式多样,提高课堂效率； 2. 多种评价方式,促进学生成长。 3. 积极参与,通过自我创造和自我改造来寻求自我实现。			
	20—18 分	17—14 分	13—12 分	12 分以下
积极 20 分	1. 学生情绪饱满,积极投入； 2. 真诚表达,支持、尊重同伴； 3. 积极倾听,乐于表达个人感受,勇于批判,善于创新。			
	20—18 分	17—14 分	13—12 分	12 分以下
总评	优：100—90 分	良：89—70 分	合格：69—60 分	待合格：60 分以下

二、 拓展"积极实践",丰富心育活动多元内涵

围绕课程目标,"积极实践"主要包括主题教育活动和社团活动。

(一)"积极实践"的主要做法

每年的"525 心理健康周"我校会组织各班开展心理健康主题教育活动,活动形式丰富多样,如心理电影分享、心理作品展览、学科渗透讲座、社区心育普及等,有效扩大

了心理教育的受众面。

　　基于"挖掘每一个孩子的心理潜能"的课程理念,我校由专职心理老师和社工共同带领心理社团活动。通常情况下,在小学中年级经过招募而来的十几个学生,大多都具有共性的问题,这些学生每周开展一次活动,一般 6—8 周为一个周期。学生通过在小团体中交流、互动,从而进一步认识自我,探讨自我、接纳自我,调整和改善与他人的关系,学习新的态度和行为方式。

(二)"积极实践"的评价要求

　　为了有效推进学校"525 心理健康周"系列活动和心理社团活动,我校制定了相应的评价量表(见表 8-4,表 8-5)。

表 8-4　心理健康活动周评价表

活动名称	
活动目的	
活动反思	
学生评价(选取 1—2 个参与班级的学生打分并给建议)	

表 8-5　心理社团评价表

评价指标	评 价 标 准	教师评 50%	家长评 50%	综合得分
组织机构(20 分)	社团有规范、健全的组织机构,有活动场所。学生依据自身兴趣和特长,经过申请、审批等程序组建社团。社团至少有一名指导教师,指导学生社团建设。			
管理机制(20 分)	社团具有健全、完整的管理机制。有更多队员积极参与,建成社团梯队。社团课程规划科学、合理。			

评价指标	评 价 标 准	教师评50%	家长评50%	综合得分
团员管理（10分）	形成科学、有效的招收团员机制。团员入团前提交"进入社团申请书"，退团时提交"退出社团申请书"。定期对团员能力进行多元化综合评定，有记录。			
社团活动（10分）	社团活动常态化、规范化，做到前有计划，中间有过程性资料，后有总结。活动内容符合学生身心发展规律，活动形式丰富多样。每学期活动不少于10个课时，过程性资料详实。			
实践交流（10分）	社团积极参加校内、外的交流展示，取得良好的教育效果，深受师生喜爱。每学年至少进行一次社区展示。			
教师发展（10分）	社团按规定自聘指导教师，社团指导教师能热心于学生社团发展，并定期、有效地指导学生社团开展活动。			
学生成长（20分）	学生通过主动参与社团活动，不断提高自主合作意识与自我提升的能力，健康身心，健全人格。			

三、 建构"积极家校"，形成正面的家校教育合力

学生的成长离不开学校教育，更离不开家庭教育。为了促进家校教育合力的有效形成，我校成立了家长委员会，创办家长学校，通过多渠道开展家庭教育活动。我们带领家长阅读《正面管教》《家长效能训练》等心理学育人书籍，邀请专家进校开展专题讲座，多途径帮助家长纠正和消除不良的家庭教育观念和教育方式，逐步提高与完善家长积极的教育理念与实践，促使学生的积极心态、健全人格在家校教育的良好环境中有效形成。

（一）"积极家校"的活动开展

家庭是孩子成长过程中的终身学校，家长是孩子学习和生活的第一任教师，家庭

教育为孩子的成长奠定坚实的基础。为了给每一个孩子营造良好的教育环境，学校在已有的家庭教育经验和基础上，通过创办家长学校，积极组建家庭教育队伍，利用课余时间开展工作。参与家长学校的导师既有我校有经验的教师和专职心理老师，也有外聘专家，根据家长的需求给予专业的辅导。

（二）"积极家校"的活动评价

为了扎实推进"积极家校"活动的开展，家长学校制定了相应的评价量表（见表 8 - 6）。

表 8 - 6 "积极家校"评价表

评价意见	评价要点	评价等级			
		优	良	合格	不合格
文本处理（20 分）	1. 分享内容符合目的要求。				
	2. 分享内容贴近书本，思想正确。				
	3. 重点突出，难点处理得当。				
	4. 适当有所拓展。				
分享安排（40 分）	1. 有创新意识。				
	2. 分享方法得当。				
	3. 环节清楚，面向全体家长。				
	4. 注意现场互动，关注交流。				
	5. 即时答疑解惑，分享自己观点。				
个人素质（20 分）	1. 语言精确，使用普通话，讲解自然。				
	2. 注意信息反馈，应变能力强。				
	3. 具有控场能力。				
	4. 现场讲解效果好。				
分享效果（20 分）	1. 家长们参与积极，思维活跃，注意力集中。				
	2. 按时完成分享任务。				

四、 建设"积极社区",构建"三位一体"心理健康教育网

(一)"积极社区"活动的开展

随着我校积极心育各项活动的不断推进,学校会不定期地开展心理健康教育进社区活动。在做好本校学生心理健康教育的基础上,我校充分发挥示范引领作用,积极对接周边社会服务需求,联合各周边社区协同开展不同形式和内容的心理健康服务工作,不断深化和拓展学校心理健康工作的社会服务功能,提升心理健康教育工作的辐射作用。通过周边社区工作人员的即时反馈与需求、建议,我校进行积极调整,进一步完善,有效构建了学校、家庭、社会"三位一体"教育网。

(二)"积极社区"活动的评价

为有效提高积极心育社区活动的服务水平,更有针对性地开展心育社区活动,学校制定了社区活动评价量表(见表8-7),以期通过进一步的反馈,改善积极心育进社区的服务质量。

表8-7 "积极社区"评价表

评价项目	具 体 要 求	分值	得分
活动目标明确	活动中知识传授、能力培养、教育思想等方向目标完整、具体、明确,确定目标的依据充分。	10分	
活动内容分析	对所选内容在社区教育中的地位、作用的理解和分析正确,准确把握教材的知识结构和体系。对活动内容的处理科学合理。教学重点、难点定性准确,分析比较透彻,定性的依据充分。	10分	
活动对象分析	对学员学习本课的原有基础和现有困难分析准确,采取的教学对策有助于学员克服学习上的困难和心理障碍。	10分	
活动设计与方法的运用	活动总体设计合理,有新意,有自己的见解。活动程序的设计科学,能实现教学目标。导入和结束等重要教学环节和重点、难点知识的教法和设计符合学科特点,活动方法能调动学员的学习积极性,有利于培养学员的本科学习素养。现代化教学手段的运用有助于提高课堂教育教学效率。	45分	

评价项目	具　体　要　求	分值	得分
表达与教态	教师教态自然,仪表端庄大方,语言清晰流畅。	20分	
活动现场交流	交流内容准确、层次清楚、有理有据。	5分	
总分			

综上所述,积极心育是以《中小学心理健康教育指导纲要(2012年修订)》为指导,通过课程设置、评价引领,从家庭、学校与社区三方面创造各种体验活动,促进学生发掘自己原有的积极力量,进而成长为具有积极心理素质的人。

(执笔人：彭碧怡)

第九章

立体技术：让儿童全方位体验信息技术的魅力

"信息，是人类传承文明，把握未来的载体"。信息技术时代，人们的学习不再囿于教室和课本，而是可以随时随地，全方位、多角度地进行，进而呈现立体的信息技术。"信息技术是21世纪的第一生产力"。信息技术课程是以培养孩子的信息技术科学素养为己任，让孩子了解和掌握信息技术知识和技能的同时，体验信息技术的魅力，点燃他们的创新精神和实践能力。

深圳市水库小学信息技术科组现有 3 名专职信息技术老师,本科学历 2 人,大专学历 1 人,都是小学高级教师,曾获罗湖区"信息技术先进科组"称号。信息技术教研组聚焦课堂革命,通过信息技术与课程整合,改变传统教学结构、实施创新人才培养,依据《中小学信息技术课程指导纲要(试行)》与对信息技术学科特点的认识,结合我校的实际情况,我们提炼"立体技术"学科课程理念,全面推进我校信息技术课程的发展。

课程哲学与价值追求　信息沟通世界,科技引领生活

一、 学科性质

信息技术(Information Technology,IT),是用于管理和处理信息所采用的各种技术的总称。它应用计算机科学和通用技术来设计、开发、安装和实施信息系统及应用软件。它也常被称为信息和通信技术(Information and Communications Technology,ICT),主要包括传感技术、计算机与智能技术、通信技术和控制技术。

《中小学信息技术课程指导纲要(试行)》指出:中小学信息技术课程培养学生对信息技术的兴趣和意识,让学生了解和掌握信息技术基本知识和技能,了解信息技术的发展及其应用对人类日常生活和科学技术的深刻影响。通过信息技术课程使学生具有获取信息、传输信息、处理信息和应用信息的能力,教育学生正确认识和理解与信息技术相关的文化、伦理和社会等问题,负责任地使用信息技术;培养学生良好的信息素养,把信息技术作为支持终身学习和合作学习的手段,为适应信息社会的学习、工作和生活打下必要的基础。[1]

---

① 中华人民共和国教育部制订:《中小学信息技术课程指导纲要(试行)》,2000:1.

在"立体技术"课程中，学生掌握基本信息技术技能，促进个性化发展，学会利用信息技术增加交流和合作，拓展视野，形成解决实际问题的能力和终身学习的能力，提高创新能力和实践能力。

二、 学科课程理念

中小学信息技术教育是为了适应技术迅猛发展的信息时代对人才提出新要求而设置的学习领域，以培养学生的信息素养和信息技术操作能力为主要目的的课程。信息技术与课程整合设计是改变传统教学结构、实施创新人才培养的一条有效途径，也是目前国际上基础教育改革的趋势与潮流。基于此，我校信息技术教研组提出"立体技术"学科理念，"信息技术"是用于管理和处理信息所采用各种技术的总称。"立体"原指具有长、宽、高三面的物体，释义比喻全面地、全方位看问题，做事情，引申就是360°无死角的信息技术教育。概括来说"立体技术"就是促进孩子自主学习的认知工具和情感激励工具；"立体技术"就是利用信息技术所提供的自主探索、多重交互、合作学习、资源共享等学习环境，把孩子的主动性、积极性充分调动起来，使孩子的创新思维与实践能力在整合过程中得到有效的锻炼；"立体技术"就是以信息沟通世界，科技引领生活，带领学习感受立体信息世界。

（一）"立体技术"注重实践

信息技术作为一门立足实践，注重实操性的课程，是学生素质能力培养的有效渠道。基于信息化的时代环境，发挥信息技术的教学优势，创新课程教学方法是提高教学有效性的主要思路。在"立体技术"课程中，学生在课程的学习过程中掌握并应用信息技术解决实际问题的方法，在学习中实践，在实践中学习。在教学中，注重培养孩子的创新精神和实践能力，以孩子为中心，大力采用"任务驱动"的探究教学模式，通过孩子对信息技术知识与技能的掌握与利用，不断提高他们的信息意识和能力，使孩子学会学习，学会思考，学会合作，学会创造，有较强的社会责任感，养成终身学习的习惯，并具备终身学习的能力,成为一个全面发展的信息社会的建设人才。

(二)"立体技术"注重渗透

信息技术的发展,已经切切实实影响到人们日常生活的方方面面,信息技术超越了前所未有的时空距离,数字化、网络化、智能化生存业已成为人们不可或缺的生活模式和生存方式。"立体技术"课程鼓励孩子将所学的知识积极地运用在学习和生活中,通过信息技术进行沟通交流,用科技方法改善生活。一方面,在教学过程中加强对"学"和"用"的引导。告诉孩子,所学的知识在生活中哪些地方能够用到,以最直观的方式让孩子最直接地了解到信息技术与生活的关联。另一方面,多用生活化的教学模式对孩子进行引导。这样,孩子才能积极主动地学习信息技术知识,才能在实践中巩固信息技能,从而实现学生自身的全面发展。

(三)"立体技术"注重融合

信息技术是一种工具,一种理论,开展信息技术课程还要努力推进信息技术与其他学科教学的融合,鼓励在其他学科的教学中广泛应用信息技术手段,并把信息技术教育融合在其他学科的学习中。信息技术与教学整合意味着在已有的学习活动中结合使用信息技术,以便更好地完成教学目标,它是在教学过程中把信息技术、信息资源、信息方法、人力资源和教学内容有机结合,共同完成教学任务的一种新型的教学方式。信息技术与学科整合的内涵是在先进的教学理念理论指导下,把以计算机及网络为核心的信息技术作为促进孩子自主学习的认知工具与情感激励工具、丰富的教学环境的创设工具,并将这些工具全面地运用到学科的教学过程中,使各种教学资源、各个教学要素和教学环节经过组合、重构,实现相互融合,在整体优化的基础上产生聚集效应,从而促使传统以教师为中心的教学结构与教学模式发生根本变革,实现培养孩子创新精神与实践能力的目标。孩子通过信息技术手段,更好地掌握其他学科知识的学习,呈现立体的知识世界。

课程目标与核心素养　发展儿童信息技术核心素养

《中小学信息技术课程指导纲要（试行）》指出：信息技术课程使学生具有获取信息、传输信息、处理信息和应用信息的能力，教育学生正确认识和理解与信息技术相关的文化、伦理和社会等问题，负责任地使用信息技术；培养学生良好的信息素养，把信息技术作为支持终身学习和合作学习的手段，为适应信息社会的学习、工作和生活打下必要的基础。[①] 信息素养是国民核心素养的一个重要组成部分，从培养学生"信息素养"出发，我校"立体技术"课程提出了以下课程目标。

一、学科课程总体目标

信息技术学科核心素养包括"信息意识"、"计算思维"、"数字化学习与创新"及"信息社会责任"四个核心内容。

（一）信息意识

通过信息课程的学习，能够根据解决问题的需要，自觉、主动地寻求恰当的方式获取与处理信息；能敏锐感觉到信息的变化，获取相关信息，采用有效策略对信息来源的可靠性、内容的准确性、指向的目的性做出合理判断，对信息可能产生的影响进行预期分析，为解决问题提供参考；在合作解决问题的过程中，能与团队成员共享信息，实现信息的最大价值。

---

① 中华人民共和国教育部制订：《中小学信息技术课程指导纲要（试行）》，2000：1.

（二）计算思维

通过信息课程的学习,在信息活动中能够采用计算机可以处理的方式界定问题、抽象特征、建立结构模型、合理组织数据;通过判断、分析与综合各种信息资源,运用合理的算法形成解决问题方案;总结利用计算机解决问题的过程与方法,并迁移到与之相关的其他问题解决之中。

（三）数字化学习与创新

通过信息课程的学习,能通过评估和选择常见的数字化资源与工具,有效地管理学习过程与学习资源,创造性地解决问题,形成创新作品的能力。能够认识到数字化学习环境的优势和局限,适应数字化学习环境,养成相应的学习习惯;掌握数字化学习系统、学习资源与学习工具的功能和用法,并用来开展自主学习、协同工作、知识分享与创新创造。

（四）信息社会责任

通过信息课程的学习,具备一定的信息安全意识,能够遵守信息法律法规,信守信息社会的道德与伦理准则,在现实空间和虚拟空间中遵守公共规范,既能有效维护信息活动中个体的合法权益,又能积极维护他人合法权益和公共信息安全;关注信息技术革命所带来的环境问题与人文问题;对于信息技术创新所产生的新观念和新事物,能具备积极的学习态度、理性的价值判断能力和负责的行动能力。

二、 学科课程学段目标

根据各学段学生的年龄特点与认知水平的差异,我校"立体技术"课程总目标进一步细化,三、四、五、六年级具体目标如下(见表9-1)。

表9-1 "立体技术"课程学段目标表

学段 领域	三年级	四年级	五年级	六年级
信息技术基础	激发兴趣保持学习动机	把握事物之间的内在逻辑联系	在新旧知识之间建立联系	将学到的概念、原理和方法应用到新的问题情境之中
多媒体技术应用	在原型示范和他人的指导下完成操作	掌握常用软件/工具的应用技能	独立完成操作；在评价和鉴别基础上的调整与改进	熟练操作水平，根据需要评价、选择并熟练操作技能和工具
信息素养	经历（感受）水平	反应（认同水平）	形成信息意识	领悟（内化）水平
程序设计	体验	基础设计	勇于质疑问题	勇于质疑的问题意识，敢于尝试的创新精神

课程框架与目标匹配 全面满足信息技术学习需求

"立体技术"课程群在国家课程的基础上，根据学生心智发展水平和不同年龄阶段的知识经验和情感需求，建立一系列课程，全面提高学生的信息技术和培养学生的信息素养。

一、学科课程结构

根据《中小学信息技术课程指导纲要〈试行〉》中基本模块和拓展模块的教学内容，结合我校"立体技术"的课程理念，我校信息技术学科课程结构包含"立体基础"、"立体处理"、"立体创作"、"立体网络"四部分，见图9-1。

立体基础　　　　　　　　　　立体处理

立体技术

立体创作　　　　　　　　　　立体网络

图9-1　"立体技术"课程结构图

（一）立体基础

了解和认识计算机各个部位的作用,掌握键盘和鼠标的基本操作,掌握计算机操作系统的简单使用,学习文字输入的方法,学会对文件和文件夹（目录）的基本操作。了解计算机在其他学科学习中的一些应用和认识信息技术相关文化、道德和责任。

（二）立体处理

学生能根据自己的意愿对信息进行加工和处理。通过 word 工具对文章进行编辑、排版和保存等处理,掌握文字处理的基本操作;通过 excel 软件对数据进行计算、统计和分析;掌握绘图工具的使用方法,通过绘画工具制作图形,对图形进行着色、修改、复制和组合等处理。

（三）立体创作

学习使用 PowerPoint 设计、制作和美化多媒体作品。通过 Scratch 工具编程故事、动画、游戏和音乐等作品,从多方面创意解决问题;学习 Flash 动画设计,学会把自己想象的情景或故事制作成动画,认识动画的构思、设计和制作。通过 GoC 软件指挥计算机成画,学生逐步学会使用基本的计算机程序命令进行图画创作。学习使用 3D 打印软件设计 3D 作品,展示学生的创意,培养学生的空间思维能力和空间表达能力。

（四）立体网络

学会用浏览器收集信息，掌握多种获得信息的方法。能通过网络传递信息，通过电子邮件传递信息，通过论坛、个人主页发布经过自己加工处理过的信息；能在网络上众多的信息中选择自己适用的信息；能主动抵制网络上的反动和黄色信息，并主动遵守信息社会特有的道德规范和法律法规。

二、学科课程设置

基于上述课程分类，除了基础课程之外，我校 3—6 年级分阶段的课程设置如下（见表 9-2）。

表 9-2　"立体技术"课程设置表

年段		立体基础	立体处理	立体创作	立体网络
三年级	上学期	纸牌游戏	玩转《金山画王》	我画我家	畅游网络世界
	下学期	打字小能手	Word 软件使用	特色作文集	作文分享会
四年级	上学期	文件夹大整理	电子报刊制作	校园小报评比	QQ 交流会
	下学期	神奇的 excel	小小数据分析师	PPT 高手	网络安全小专家（一）
五年级	上学期	认识 Scratch 软件	听话的 Arduino 机器人	飞机大作战	电子邮件祝福
	下学期	Scratch 动画设计	小小动画家（上）	神奇的诺宝机器人	网络搜集
六年级	上学期	Flash 初认识	小小动画家（下）	我型我秀	网络安全小专家（二）
	下学期	神奇的 GoC 世界	少儿编程 ABC	GoC 编程 3D 打印技术	论坛讨论

课程实施与评价支撑　开展多彩的信息技术活动

信息技术课程强调学生应具备利用各种信息工具和各类信息资源进行学习的能力，培养学生的创新精神和实践能力。为此，信息技术课程从构建"立体课堂"、建设"立体课程"、创建"立体社团"、开展"立体亲子活动"、创设"创客节"五方面进行实施。

一、 构建"立体课堂"，推进学科基础课程

信息技术课程是一门操作性很强的课程，在"立体课堂"中，教师采用灵活多样的教学方式，学生学习贴近生活的信息技术知识后，能够立即上机操作，做到理论和操作并重，利于操作技能的形成和知识的理解，并将信息技术整合于学生的日常学习中，呈现立体课堂，培养学生的科学思维方式，提高学生信息素养。

（一）"立体课堂"的操作

1. 创设良好的教学模式，激发学生兴趣

"立体课堂"采取以"激趣导入，出示任务—自主探究，发现问题——小组合作，完成任务—展示作品，交流评价"为特点的教学模式，在课堂上提高学生的创新精神和实践能力。通过精心创设的导入，激发学生学习的兴趣，分层设置针对性和难度适中、与生活相联系的任务，引导学生进行探究；给学生大胆动手实践尝试的机会，让学生进行主动阅读、认真思考、分析和研究，主动去发现问题；根据任务，小组分工合作，动手创作实践，完成任务；最后小组展示作品，通过学生的自评、互评进行交流，学生学会正确评价自己和他人作品的能力，同时也增强学生学习的积极性。

2. 设计有效的活动，转变学生学习方式

信息技术是一门以上机动手操作为基础的学科，教师在课堂中设计各类上机活动，如制作电子小报、动画、视频、PPT、设计程序等。学生在进行小组合作探究时，既可以围绕一个完整的主题活动进行，也可以针对某个学习活动中的局部内容进行。教师根据教学内容的组织以及教学活动实施过程的实际需要，重组环节步骤，重视信息流的整合和有效信息的输载，体现实效性和时效性。

（二）"立体课堂"的评价标准

"立体技术"的评价，以课程标准为依据，运用可操作的科学手段，收集有关课堂教学的信息，为评价者的自我完善和有关部门的决策提供依据，见表 9-3。

表 9-3　"立体课堂"评价标准

评价维度	评 价 指 标	评定等级（A、B、C、D）
教学目标	符合学科课程标准和教材的基本要求，目标制定明确、具体、多元化。	
教学内容	形成合理的知识结构，突出重点，深浅适度，联系学生生活和社会实际。	
教学活动	围绕目标创设灵活的有助于学生学习的教学情境，营造良好的学习氛围。	
	教师善于引导学生主动学习、合作学习，指导具有针对性、启发性、实效性。	
	学生认真参与学习活动，积极思考，主动表达自己的观点。	
教学方法	根据教学实际选用恰当的教法，为学生的学习设计并提供合理的学习资源。	
	学生有一定的学习方法，形成解决问题的策略。	
教学评价	学生和教师积极参与评价活动，对学习过程进行反思。	
	学生在知识与技能、能力与方法、情感态度与价值观等方面都得到相应的发展。	

评价维度	评 价 指 标	评定等级 （A、B、C、D）
教师素质	尊重学生,教学民主,师生关系和谐;正确把握学科的知识、思想和方法,重视教学资源的开发与整合;有较为丰富的组织和协调能力,进行教学改革,教学方法灵活,富有艺术性,有独特良好的教学风格;语言和文字功底好。	

二、 建设"立体课程",推进学科拓展课程

信息技术课程除了涉及计算机技术之外,还涉及许多其他学科,如美术、音乐、语文、数学、科学、综合实践等,具有综合性的特点。"立体课程"主要是指进行信息技术课程内容相关的以及信息技术课程与其他学科融合的研究性学习、专题教育,是基础课程的延伸、应用和整合,旨在激发学生兴趣,拓展学生知识面,发展学生信息技术核心素养。

（一）"立体课程"的建设路径

根据深化新课改的要求,结合学校的办学特色和教师的教学风格,信息技术教研组充分挖掘教师的潜力,开发和开设了丰富的选修课程,满足不同学生的发展需求,为学生的个性化发展创造条件。例如在三年级开设玩转《金山画王》、《金山打字通》;在四年级开设网络安全小专家、电子小报制作训练营、小小数据分析师、PPT 高手课程;在五、六年级开设玩转诺宝机器人、小小动画家、少儿编程 ABC 等课程。

"立体课程"还包括了信息技术课程与其他学科融合的课程内容,体现课程的"立体性"。我们与科学学科开展"宇宙 VR 课程"和"人体器官——3D 打印课程";与音乐学科开展"神奇的电子音乐世界";与综合实践开展"主题研究课程"。借助信息技术手段,进行跨学科探究,全面提高学生的综合素养。

（二）"立体课程"的评价标准

"立体课程"通过自评、他评、师评和家长评从"知识技能"、"操作技能"、"合作交

流"和"学习能力"四方面进行评价,及时了解学生在"立体课程"中的学习情况,能够给学生后期的学习和课程设置指明方向,见表9-4。

表9-4 "立体课程"评价标准表

项目	内　　容	自评	他评	师评	家长评
知识技能	掌握课程的学习内容,学会每一章节的操作知识。				
操作技能	目标明确,积极大胆动手操作,操作得当。				
合作交流	积极参与小组学习,互相配合,互相学习,团结协作,共享信息资源,能运用各种沟通方式进行交流与合作。				
学习能力	有学习的积极性和兴趣,对学过的课程内容有正确的认识和理解,能运用所掌握的知识技能解决实际问题,具有探究和创新精神。				

三、 创建"立体社团",发展学生兴趣爱好

现代智能理论认为,人的智力是多元的,而且人的智能发展是不均衡的。社团活动丰富学生的生活,促进学生智能的全面发展。"立体社团"通过多样的社团内容增加学生的课外知识,丰富学生的课余文化生活,同时培养学生的思维能力、动手能力和创造能力。

(一)"立体社团"的主要内容

在学校课程规划方案的指导下,结合学校学生年龄特点与个性特点,我们开发了"电脑绘画社团活动"、"机器人社团活动"、"Scratch编程"等"立体社团"。

1. 电脑绘画社团活动。课外电脑绘画活动作为教学的组成部分,能提高学生的审美能力与绘画能力。依据学生特点,培养学生电脑绘画能力,有了一定绘画基础后,再以想象为辅,引导学生将自己所想象的内容用绘画语言表达出来,充分发挥他们好

动、思维跳跃性强、善于模仿的特点,养成对身边事物进行思考的习惯。开设一些网络绘画作品欣赏课,激发学生对电脑绘画的兴趣。

2. 机器人社团活动。根据课程改革的精神,"机器人"进入课堂教学是"信息技术与学科整合"的发展趋势。机器人是集科技知识启蒙、创造性思维训练及创造力开发的最佳载体。开展机器人社团,可对学生进行全面培养、提升现代学生的创造力、想象力与科学技能方面的素质教育。让学生在"玩中学","做中学",在机器人的模型拼装、编程控制调试的实践过程中去体验、掌握知识、提高能力和创新。

3. Scratch 编程社团。在 Scratch 社团中,学生通过 Scratch 语言可以创造性地设计出属于自己的程序,这些程序包含动画、游戏和交互式游戏。Scratch 语言创建的目的不是为了培养少年程序员,而是孩子们可以通过 Scratch 表达自己,帮助他们发展学习的技能,学习创造性思维,以及集体合作,同时也可以加强他们对于程序设计流程的认识,从小培养程序设计的兴趣。

(二)"立体社团"的评价标准

为了规范社团发展,加强社团工作的制度化、规范化,满足学生个性化学习发展要求,制定了"立体社团"评价表,见表 9-5。每学期末,学校统一组织社团展示活动,结合平时社团开展情况和展示活动结果,进行总结性评价,见表 9-5。

表 9-5 "立体社团"评价标准

评价对象	指标体系	评定标准	
		等 级 内 容	评定等级 (A、B、C、D)
社团工作	组织建设	1. 章程、制度健全 2. 有专业教师负责	
	活动目标和计划	1. 有年度活动目标 2. 活动目标明确具体 3. 有实现目标的行动计划 4. 计划科学、合理且可行	

续表

评价对象	指标体系	评　定　标　准	
		等　级　内　容	评定等级 （A、B、C、D）
	学生活动表现	1. 积极主动,活动到场率高 2. 生生合作、师生互动好 3. 学生有问题意识 4. 学生有较多的体验和感受	
	指导教师表现	1. 服务意识强 2. 指导教师经常总结反思工作情况 3. 工作能力强	
	活动成效	1. 活动正常开展,受到学生社团成员的欢迎和学校的肯定 2. 学生活动自主性高,学生得到充分的锻炼 3. 活动在校友网上有宣传或者活动有成果	
	环境建设	1. 有固定的活动场地 2. 活动场地保持整洁	
	活动记录和 资料保存	1. 记录及时并保存完好 2. 建立社团成员活动记录袋	
	活动安全	1. 无重大安全事故 2. 活动安全措施到位 3. 活动时,培养学生的安全意识	

四、 开展"立体亲子活动"，推进信息体验课程

21 世纪是信息时代,信息技术的学习不仅仅在学校,学生的生活环境也是很好的学习场所,让父母参与到其中学习。开展"立体亲子活动"可以让孩子们在积极参与中体验合作与交往、亲情的快乐,享受到成功的喜悦。

（一）"立体亲子活动"的安排

我们根据各年级学生不同课程内容设置以及学生的年龄特点,设定了不同的"立体亲子活动",每学年开展一次活动,全面满足学生的个性化需求,让父母进一步了解

孩子的学习,同时提高学生的信息技术素养,具体的安排见表9-6。

表9-6 "立体亲子活动"安排表

年级	主题	内 容
三年级	电脑科幻画	父母与孩子共同合作开展亲子电脑科幻画的绘制活动,完成一幅科幻画作品。
四年级	制定假期旅游计划	父母和孩子共同策划假期旅游计划的攻略以及费用安排的统计活动,用PPT展示旅行计划安排。
五年级	Scratch小游戏制作竞赛	孩子为主导,父母辅助孩子,开展Scratch小游戏制作竞赛亲子活动。
六年级	3D打印创意大赛	家长与孩子共同使用3D设计软件进行作品设计,并通过3D打印机打印出作品,最后共同展示成果作品。

(二)"立体亲子活动"的评价标准

为了更好地开展"立体亲子活动",提高活动的质量和成效,我校从活动组织、学生表现、教师表现、活动成效等几方面制定了"立体亲子活动"评价标准,见表9-7。

表9-7 "立体亲子活动"评价标准

评价对象	指标体系	等 级 内 容	评定等级 (A、B、C、D)
立体技术亲子活动	组织建设	1. 章程、制度健全 2. 有专业教师负责	
	活动目标和计划	1. 有年度活动目标 2. 活动目标明确具体 3. 有实现目标的行动计划 4. 计划科学、合理且可行	
	学生活动表现	1. 积极主动 2. 家生合作、互动好 3. 学生有问题意识 4. 学生有较多的体验和感受	
	指导教师表现	1. 服务意识强 2. 指导教师经常总结反思工作情况 3. 工作能力强	

评价对象	指标体系	等 级 内 容	评定等级（A、B、C、D）
	活动成效	1. 活动正常开展，受到学生社团成员的欢迎和学校的肯定 2. 学生活动自主性高，学生得到充分的锻炼 3. 活动在校友网上有宣传或者活动有成果	
	活动记录和资料保存	1. 记录及时 2. 活动记录保存完好	

五、 创设"创客节"，浓郁信息技术的学习氛围

为了开阔师生视野，激发学生学习信息技术的兴趣，培养学生动手实践和创新的能力，充分调动学生学习信息技术的积极性和主动性，结合我校信息技术教学实际，信息科组与数学科组、科学科组强强联合，举办"水库小学创客节"，开展系列活动。

（一）"创客节"的主要内容

在"创客节"中，信息科组开展了电子报刊制作比赛、电脑绘画比赛、机器人制作比赛和 VR 技术体验等活动。

1. 电子报刊制作活动。运用文字、绘画、图形、图像等素材和相应的处理软件创作电子报或电子期刊，主要以文字表达为主，辅之适当的图片、视频或动画；可以通过网上下载或其他渠道收集资料，经作者加工后成型。电子报刊包括报名、班级、出版单位、出版日期、导读栏等报纸所包含的要素。在导读栏中应设置超链接。作品大小不超过 20 MB。

2. 绘画创想活动。运用各类绘画软件或图形、图像处理软件制作完成的绘画作品。绘画作品可以是主题下的单幅画或表达同一主题的组画、连环画。表达同一主题的组画、连环画的每件作品不超过 5 幅。

3. VR 技术体验活动。通过 VR 虚拟世界，同学们可以近距离观察到许多平时难

以见到的野生动物,比如斑羚、豹猫、熊猫等,也可以通过场景中的小视频了解它们的生活习性和行为特征。同时还可以了解神秘的宇宙、星球等奥秘。

4. 机器人制作活动。学生运用"优必选"机器人零件和平板进行机器人的编程和设计,完成的机器人要具备一定的"智能",并能完成一定难度的动作。比赛前完成作品,展示时间为5—10分钟,并对机器人的原理和功能进行介绍。

(二)"创客节"的评价标准

"创客节"的评价主要从活动目标和计划、活动组织、学生表现、活动成效和作品成果等方面开展,通过评价进一步完善活动安排,见表9-8。

表9-8 "创客节"评价标准表

评价对象	指标体系	等 级 内 容	评定等级(A、B、C、D)
创客节活动	活动目标和计划	1. 活动目标明确具体 2. 有实现目标的行动计划 3. 计划科学、合理且可行	
	活动组织	1. 活动能有效实施,纪律严明 2. 工作安排到位,职责明确	
	学生表现	1. 积极主动,活动到场率高 2. 生生合作、互动好 3. 学生有问题意识 4. 学生有较多的体验和感受	
	活动成效	1. 活动正常开展,受到学生的欢迎和学校的肯定 2. 学生活动自主性高,学生得到充分的锻炼 3. 活动在校友网上有宣传或者活动有成果	
	成果丰富性	1. 成果种类多样 2. 成果质量好,功能性强	

综上所述,"立体技术"以《中小学信息技术课程指导纲要(试行)》为课程建设依据,着眼培养学生的信息素养和信息技术操作能力,通过课程设置、评价引领,最充分

地让每一个孩子熟练掌握基本信息技术技能，张扬个性；学会信息技术交流和合作，拓展视野；立体地体验信息技术的魅力，从而点燃他们的创新精神和实践能力，并在践行中形成解决实际问题的能力和终身学习的能力。

（执笔人：陈洁　谢福林　吴洁华　彭颖莹）

第十章

美好课堂： 让儿童学会过美好生活

"法安天下,德润人心。"优秀的道德品质与良好的法治意识,是健全人格的根基,是公民素质的核心。小学道德与法治教育坚持以立德树人为核心,以社会主义核心价值观为导向,引导儿童学会过美好生活。人类需要道德,社会需要法治,归根结底是为了让生活更美好。因此,道德与法治学科课程承载着与人的独特价值和社会的伟大使命,对培养少年儿童优良的道德品质和法治素养具有积极意义。

深圳市水库小学道德与法治学科组现有学科教师 51 人,均为兼职教师,其中一至三年级由语、数、英三学科的教师兼任,四至六年级由语文和班主任兼任,具有人员广、多学科的特点。科组秉持"理想处着眼,常规处着力,细节处着手"的德育理念,以培育阳光少年为目标,构建"绿色德育"课程体系,健全德育工作运行机制,细化实施方案,开展扎实有效、丰富多彩的德育实践活动。学校曾先后被评为全国雏鹰大队、全国小公民道德建设先进单位、全国德育实验学校。依据《2019 小学道德与法制课程标准》,结合我校的实际情况,提炼"美好课堂"学科课程理念,全面推动道德与法制课程的完善与发展,让孩子们学会过美好生活。

课程哲学与价值追求 引导每一个孩子学会过美好生活

当今我国正处于构建社会主义创新型国家的阶段,"立德树人"是这一阶段的教育宗旨。深圳市水库小学"美好课堂"基于道德与法制课程的教育教学原则,紧跟党的正确引领与时代步伐,将"立德树人"深入贯彻在道德与法制课程始终。让儿童学会过美好生活,就是要让孩子们在小学接受基础教育的阶段,体会并内化真、善、美。

一、 学科性质

道德与法制教育,是我国中小学思想品德教育的重点。由于社会主义核心价值观教育和立德树人的新时代要求,新时期的儿童道德教育应致力于将儿童培养成具有高尚道德、法治精神、健全人格、健康体魄的社会主义建设者和接班人。《小学道德与法治》作为一门活动型综合性学科,以培养品德良好、乐于探究、热爱生活的儿童为目标,具有生活性、文化性、活动性以及综合性。①

二、学科课程理念

"美好课堂"让学生学会过美好生活。我校的道德与法治教育秉持以立德树人为核心，以社会主义核心价值观为导向，引导学生树立正确的世界观、人生观及价值观，促进学生德、智、体、美、劳的全面发展。"美好课堂"课程体现了社会主义核心价值观教育的要求，让儿童学会过美好生活，是我们的课程目标和价值追求。

"美好课堂"让学生掌握会学与学会的技能。好的教师不是教书，不是教学生，而是教学生学。"美好课堂"让学生了解与体验美好生活。学生参与学习的实践活动，通过探讨和解决生活中的实际问题，将知识意义内化。

课程目标与核心素养　丰富儿童的社会认知和内心世界

基于道德与法治学科课程承载的使命，科组着眼引导儿童学会过美好生活，以学生生活为主，整合课程内容，构建我校"美好课堂"课程目标体系。

一、学科课程总体目标

（一）以社会主义核心价值观为引领，普及法治知识，养成守法意识，使青少年了解、掌握个人成长和参与社会生活必需的法律常识和制度、明晰行为规则，自觉遵法、守法。

（二）规范行为习惯，培育法治观念，增强青少年依法规范自身行为、分辨是非、运

---

① 中华人民共和国教育部. 义务教育思想品德课程标准［S］. 北京：北京师范大学出版社，2011：1.

用法律方法维护自身权益、通过法律途径参与国家和社会生活的意识和能力。

（三）践行法治理念，树立法治信仰，引导青少年参与法治实践，形成对社会主义法治道路的价值认同、制度认同，成为社会主义法治的忠实崇尚者、自觉遵守者、坚定捍卫者。①

二、 学科课程年段目标

"美好课堂"课程始终把培养品德良好、乐于探究、热爱生活的儿童作为本学科课程的出发点和归宿。具体年段目标见表 10-1。

表 10-1　深圳市水库小学"美好课堂"课程年级目标表

年段	年 级 目 标
一年级	1. 爱亲敬长，爱集体、爱家乡、爱祖国。尊敬国旗、国徽，学唱国歌，为自己是中国人感到自豪。 2. 喜欢和同学、老师交往，高兴地学，愉快地玩。 3. 初步养成良好的生活、卫生习惯，养成基本的文明行为习惯。 4. 熟悉学校环境，能利用学校中的卫生保健设施。 5. 在学校里情绪安定，心情愉快，积极地生活。
二年级	1. 适应并喜欢学校生活，学会做事，学会关心别人并遵守社会道德规范。 2. 在成人帮助下能定出自己可行的目标，并努力去实现。 3. 使用玩具、设备进行活动时，遵守规则，注意安全。 4. 认识常见的交通标志和安全标志，遵守交通规则。不到危险的地方去玩，避免意外伤害。 5. 了解当地多发的自然灾害的有关知识，知道在紧急情况下的逃生或求助方法。
三年级	1. 亲近自然，喜欢在大自然中活动，感受自然的美。 2. 在成人帮助下，能较快地化解自己的消极情绪，积极向上。 3. 能看到自己的成长和进步，并为此而高兴。 4. 在成人的引导下学会正确地对待自己的学习成绩。 5. 学习欣赏自己和别人的优点与长处，并以此激励自己不断进步。 6. 爱护动植物，节约资源，为保护环境做力所能及的事。

---

① 中华人民共和国教育部. 义务教育思想品德课程标准[S].北京：北京师范大学出版社,2011：5.

续表

年段	年 级 目 标
四年级	1. 能初步分辨是非，做了错事勇于承认和改正，诚实不说谎。 2. 学会做事，认真负责，有始有终，不拖拉，认真完成自己承担的任务。 3. 学会关心、爱父母长辈，体贴家人，主动分担力所能及的家务劳动；关心他人，友爱同伴，乐于分享与合作。 4. 尊重社会各行各业的劳动者，爱惜他们的劳动成果。 5. 学习与生活中遇到问题时，愿意想办法解决；敢于尝试有一定难度的任务或活动。
五年级	1. 热爱革命领袖，了解英雄模范人物的光荣事迹。 2. 能积极地出主意、想办法来扩展游戏或推进学习与生活中的活动。 3. 学习用观察、比较、调查等方法进行简单的生活和社会探究活动。 4. 能与同伴交流、分享、反思探究活动的过程或成果。 5. 能对问题提出自己的想法与看法，有应对挑战的信心与勇气。
六年级	1. 初步掌握收集、整理和运用信息的能力，能够选用恰当的工具和方法分析、说明问题。 2. 学习利用图书、电视和网络等多种方式收集需要的资料。 3. 在成人的帮助下，能总结、提升获得的经验或信息。 4. 了解家乡的风景名胜、主要物产等有关知识，感受家乡的发展变化。 5. 珍视祖国的历史与文化，具有中华民族的自豪感。

课程框架与目标匹配 立足于儿童生活的学科课程设计

"美好课堂"课程的开发是从儿童自身出发，立足于儿童的生活，教会儿童如何正确处理生活中面临的道德问题，培养道德情感技能，让儿童过上美好的生活。

一、 学科课程结构

"美好课堂"课程以落实《中小学守则（2015 年修订）》为目标，从美好品质、社会公德、热爱学习、健康体魄、基本常识五部分内容出发，立志于培养具有主人翁精神和社会主义核心价值观的青少年,打造具有水库特色的德育课程(见图 10-1:深圳市水库小学"美好课堂"德育课程群结构图)。

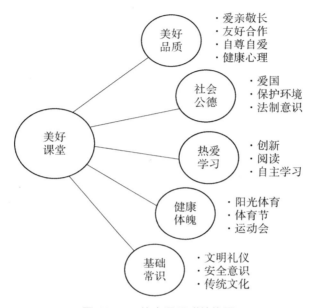

图 10-1　德育课程群结构图

具体表述如下:

美好品质:爱亲敬长,在校敬爱老师,在家亲近父母,懂得感恩,在外尊敬长辈,礼貌待人;友好合作,在班级里乐于团结他人,善于沟通交流,能有效和他人展开合作;自尊自爱,有信心,关爱自己,勇于迎接生命中的挑战;健康心理,阳光乐观面对生活,积极参与社会活动,有良好的情绪调控能力。

社会公德:培养学生的主人翁意识,增强社会责任感;爱国,了解基本国情,热爱祖国;保护环境,亲近大自然,树立环保意识,从身边小事做起,学会垃圾分类;法制意识,了解基本社会规范,遵守校规校纪,遵守社会公德。

热爱学习:鼓励儿童勇于探索,举办创客节,让学生爱上科学,培养创新能力;阅读,打造书香校园,举办阅读节,让阅读成为儿童的一种习惯;自主学习,举办丰富的学习活动，例如"数学节"、"英语节"等，激发儿童学习的主观能动性。

健康体魄：落实每天坚持运动一小时，除上体育课外，还组织学生参加阳光体育运动；坚持举办体育节，包含校级足球赛、篮球赛和羽毛球赛等；每学年举办一次校级运动会，积极组织学生参加区、市级各项比赛并开设了种类繁多的体育社团，让每位学生都能掌握一项运动技能，同时也让学生增强体魄。

基本常识：文明礼仪，注意日常文明礼仪，包括校内礼仪、餐桌礼仪、社交礼仪和公共礼仪；安全意识，树立安全意识，安全上网，预防网络诈骗，掌握地震、火灾逃生技能，遵守交通规则等日常安全事项；传统文化，了解中国优秀传统文化，参加重大传统节日举办的主题德育活动。

二、 学科课程设置

学校道德与法治教研组依据各年级学生身心发展特点和课程的内在逻辑，按年级设置课程（见表 10 - 2）。

表 10 - 2　深圳市水库小学"美好课堂"课程设置表

学期	美好品质	社会公德	生活常识	热爱学习
一上	新生入学教育： 认识自己的小学生身份 学习做一个讲文明、懂礼貌的小学生 拥有乐于与师生交往、愉快的小学生活	爱国教育： 初步形成国家的意识 认识国家的标志 尊敬国旗国徽、唱学国歌 热爱少先队员	常规教育： 学习入学规范及要求 了解学校纪律、熟悉校园 认识自己的班级和同学 学习《小学生日常行为规范》	学习正确的坐姿、书写姿势
一下	校园礼仪： 热爱学校、热爱班集体 尊重老师、团结同学 学会倾听、学会合作、学会师生间和同学间的礼仪……	少先队启蒙教育： 开展少先队主题班会 积极加入少先队 学习少先队知识和佩戴红领巾	校内安全教育： 上课安全、课间安全、活动安全…… 规范安全行为活动	学习习惯教育： 良好的学习和做事习惯 主动学习，做事不拖拉

学期	美好品质	社会公德	生活常识	热爱学习
二上	争做班级小主人翁：一起制定班规 共同装扮教室，热爱自己的班集体	人与自然：亲近大自然，认识大自然中的动植物 人与自然是朋友；了解天气、季节变化对生活的影响 认识自然灾害的有关知识 活动：手工小制作	校外安全教育：学习用火安全、用电安全、交通安全和设备安全……	学会制定自己的学习计划和目标 善于自己解决遇到的问题
二下	家庭礼仪：了解家庭成员、爱父母、爱家人 学会动手做家务、自己的事情自己做……	绿色小卫士：了解身边的资源和现状 学会环保，节约资源，创建绿色家园	社会礼仪：供餐礼仪、乘车礼仪、邻居间的礼仪…… 学习文明礼仪	绘本故事分享，故事大王活动 喜欢动手动脑，乐于想象和创造
三上	自我认知：认识自己的独特，发现自己和同伴的优缺点 学会积极自信、诚实勇敢和有责任心 活动：我的自画像	学习雷锋活动：开展"学习雷锋"主题班会 日行一善，做好人好事	传统节日：学会安排自己的节假日 了解中秋、国庆节等节日知识	学习方法分享和提高学习效率
三下	爱的教育：感受父母的爱、亲人的爱、同学的爱和陌生人的爱…… 学会做一个有爱心的人	生活离不开规则：懂得遵守法律法规、道德准则、行为规范尊重社会各行业的劳动者，爱惜他们的劳动成果	热爱自己的家乡：感受家乡的山水、人物、变化 主题活动：家乡的美食会	学会珍惜时间，做时间的主人
四上	"价值拍卖会"自我认知，学会如何和同学友好相处：学会倾听、学会道歉、学会原谅和学会感恩…… 辩论赛：班干部是轮流还是竞选？初步接触民主意识	国旗下讲话：树立"禁毒意识"组织参观禁毒基地开展"禁毒小志愿者"活动 禁毒班会、海报和板报设计	"礼仪之星"，争做文明好少年 "重阳节"主题班会，尊敬长辈，敬爱老人 "美丽地铁"，安全文明主题活动 熟知《中小学生守则》	评选"学习之星"和"阅读之星"开展主题阅读活动阅读沙龙交流会，让阅读成为儿童校园生活的一部分
四下	自信，"自我风采"展示活动 "如何控制情绪"，开设心理课堂 学会如何处理和同学之间的矛盾冲突	国旗下的讲话 树立"环保意识""美丽地球"分享交流会 影片《海洋》，了解垃圾对地球的强大破坏力	安全教育 火灾演习 开展网络安全教育讲座 参观深圳市安全教育基地 安全教育小志愿者，给低年级小朋友巡讲	评选"学习之星"和"阅读之星"举办"英语节"、"创客节"、"阅读季"和"艺术节"等活动

续表

学期	美好品质	社会公德	生活常识	热爱学习
五上	自控力 合理安排时间 "预防校园欺凌"心理教育活动 主动对他人伸出援助之手 学会和他人有效合作	国旗下的讲话 法制日宣传活动 开展法制专题讲座 "宪法大讲堂"走进校园,邀请法官主讲	地震演习 观看纪录片《美丽中国》 领略祖国美好风光,了解祖国风土人情	评选"学习之星"和"阅读之星" 学习如何制定学习计划,合理安排学习时间
五下	了解学习民族英雄故事 学习中华民族勤劳勇敢,自强不息的民族精神	国旗下的讲话 "植树节""关灯一小时"环保主题班会 保护环境,从身边的小事做起	交通安全,交警送课堂进校园 "传统节日诗词大会",通过诗歌了解中国传统节日文化 举办"中秋节"主题班会	评选"学习之星"和"阅读之星" "英语节"、"创客节"、"阅读季"和"艺术节"活动 举办班级竞赛,以小组为单位进行比赛,学习有系统地主动学习
六上	树立理想,举行"理想交流会" 举办青春期知识讲座 开展青春期心理健康专题讲座	国旗下的讲话 "垃圾分类"7+1行动 垃圾分类小志愿者,为低年段学生巡讲有关"垃圾分类"的知识	纪录片:《舌尖上的中国》 主题活动:我们班的美食地图	评选"学习之星"和"阅读之星" 初步尝试社会考察方法,开展研究性学习活动
六下	感恩教育,感恩母校 举行毕业典礼 职业体验实践活动,树立职业观	国旗下的讲话 社区调查社会实践活动	主题实践活动:我的深圳 走出学校,走进社会,亲身实践探寻深圳逐步改变的足迹	评选"学习之星"和"阅读之星" "英语节"、"创客节"、"阅读季"和"艺术节"活动 掌握社会考察方法,开展研究性实践活动

课程实施与评价支撑　让每一个孩子浸润在美好里

"美好课堂"课程的实施,以社会主义核心价值观为导向,遵循儿童身心发展和思想品德形成与发展规律。课堂评价的根本目的在于获得反馈信息,以帮助教师改进教学,促进儿童发展,保证课程目标的顺利实现。

"美好课堂"课程评价倡导多元、开放、整体的儿童评价观,评价目标、内容、手段和方法,从单一、封闭走向开放、多元。评价过程从片面追求儿童的学业成绩,走向整体关注儿童的全面发展。

一、 建构"美好课堂",落实学科课程

"美好课堂"关注学生的校园行为习惯的养成,尊重学生的个性差异,用多元尺度进行评价。

(一)"美好课堂"的实践推进

过好的生活才会生长出好的德行,我校在德育建设中,关注每一个具体孩子的情感态度变化,为他们形成正确的价值观奠定坚实的基础。引导学生在具体的生活情境中反观自己的生活,镜观他人的生活,参与群体生活,最终过上美好生活。

尊重差异,关注每一个学生富有个性的发展;尺度多元,不用一个统一的标准去评价所有学生;渠道多元,综合运用课堂学习、实践活动以及成长记录档案、活动表现评价等多种载体,分析儿童的言语表达或非言语行为。收集儿童的各种作品,汇集来自教师、同学、家庭等各方面的评价信息,力求准确、全面地评价儿童。[①]

(二)"美好课堂"的评价标准

基于"美好课堂"的构建要素,我校"美好课堂"教研组制订了以下评价标准(见表10-3)。

---

① 李文霆. 指向学科核心素养的课堂教学范式[M]. 华东师范大学出版社,2019:154.

表 10−3 深圳市水库小学"美好课堂"评价表

评价维度	具 体 指 标	分值（总分100分）
教学目标	1. 理解教材深刻，把握教材全面，目标明确具体，符合课标要求，教材取舍呈现合理。 2. 三维目标有机统一：以相关知识为支撑，关注引导学生情感态度价值的形成，注重培养和提高学生的思维能力、价值判断能力、参与能力及社会实践能力。	10
教学内容	1. 正确理解和把握教学内容，以学生的生活逻辑为主线，遵循教学规律和问题解决的思路安排教学内容层次。 2. 注意从学生生活和社会现实生活中科学合理地选取相关教学资源，充分体现道德与法制课应有的教育价值；教学内容与时俱进，充分体现课程的时代性特点。	20
教学实施	1. 教学方法新颖，教学方式科学，媒体技术恰当，教学手段创新，数字资源有效利用。 2. 学习积极性高，课堂参与面广，思维引导精巧，生成过程自然，师生关系平等融洽。 3. 教学流程清晰，探究过程有序，问题反馈及时，体现学法指导，展示评价有效得当。	20
教学评价	1. 通过课堂教学过程评价，引导、调控教学活动。 2. 采用多样化的、个性化的评价方式激励学生的学习兴趣和自信心，引导学生创新与实践。	20
教学效果	1. 重点理解透彻，难点有效突破，疑点化解全面，思维拓展到位，学习质量有效度高。 2. 合作探究有序，全体积极参与，关注个体差异，互动氛围浓厚，教学过程主体性强。 3. 知识习得扎实，技能训练精当，过程方法真实，目标达成全面，达成学科素养目标。	20
教学文化	1. 不同层次的学生在情感、态度、价值观等方面都有一定的提升。 2. 学生有积极主动的情感反映，形成正确的价值取向，有较强的问题意识和探究意识。	10

二、 创设"美好社团"，落实兴趣爱好课程

创设"美好社团"，把儿童共同的兴趣、爱好充分地调动起来，指导儿童开展多种形

式的活动,进而帮助他们锻炼能力、陶冶情操及提升综合素质。

(一)"美好社团"的主要类型

根据"美好课堂"的学科特点,为拓宽教学内容,提高儿童的道德素养、法治观念,促进儿童全面发展,我校开设了以下社团:

1. 文明礼仪社团:依据《中小学生守则》和《深圳市水库小学学生文明礼仪规范》,在学生养成文明习惯的基础上,进一步培养学生热心参与社会活动,与人友好相处的交往能力。

2. 亲子读经班:着力培养学生传统文化素养,了解中华传统文化中"孝悌忠信、礼义廉耻"的精神内涵,更深入地解读和落实社会主义核心价值观。儿童能够在生活中力行优秀品质,养成良好的行为习惯,增进亲子关系。

3. 团体心理辅导:结合儿童身心发展的特点和我校实情,聘请专业的心理老师和社会工作者,开设学生的团体心理辅导建设课程。在团体情境下,体验心理游戏的乐趣,帮助学生建立正确的认知观念与健康的态度行为。

在未来,学校还会根据实际情况酌情增加或调整社团内容和数量。创造更多的机会给学生锻炼,使学生从校内走向校外。从思想认知到亲身体验,让学生走出校园,扩展视野,丰富知识,增长才干,增强对国家、民族和家乡的热爱。

(二)"美好社团"的评价要求

为进一步规范"美好社团"活动,加强社团管理和指导,特地制定了相应的评价标准。

1. 非正式性评价。在"美好社团"中,大部分评价都是老师以非正式的方式进行的。教师通过日常观察,对学生的表现给予及时、准确、到位而富有个性的评价。

2. 档案袋评价。档案袋评价,也称为评价记录评价。根据学生的具体情况,采用了过程型档案袋形式，建立活动档案袋。① 包括活动计划、学习的过程记录、考勤表、学习总结、日记等与活动有关的文字、图片、影像资料等，呈现学生思考、探索、反思的过程，并以此作为成绩评定的主要依据。

3. 评选性评价。建立星级少年评价机制，我校德育处开展了一系列的"深圳市水库小学好少年"的评选活动，树立先进典型，让学生学有榜样，落实"最充分发展学生，最优质服务社会"的办学理念。

少年强则国强，少年美则国美。打造"美好课堂"，让学生在课堂上轻松快乐地学习且有收获，这一直是我们的教育梦。"让儿童学会过美好的生活"是我们努力实践的教育理想。我们会不忘初心，在课堂上注重引导、感染学生珍惜身边的"美好"，把社会主义核心价值观融入课堂教学、社会实践及家庭教育全过程，切实培养爱国、敬业、诚信、友善的中国好少年！

（执笔人：余皓洁、邓小冬、余庆超、杨明月、周梦星、王贤华、李婉莹、陈绸、李灵、曹丽芬）

---

① 赵亚夫. 新版课程标准解析与教学指导［M］. 北京：北京师范大学出版社，2012：160.

后记

　　历经两年多的实践与探索,记录着深圳市水库小学课程变革足迹的成果《学校课程发展的实践范式》一书即将出版。回想当初推进学校课程变革的机缘,皆源于我校"十三五"教育发展规划中一个关于课程建设课题。在研究课题的过程中,我们对学校课程体系建设有了更深刻的认识,从而萌生了将我校"小浪花课程"体系的诞生过程整理成书的想法。

　　深圳市水库小学作为一所拥有百年办学历史的公办学校,我们这朵"小浪花"一直秉持着"自强不息,精益求精"的校训精神,在扎实地完成了"三个转变"后,又马不停蹄地走上了从"新优质学校"向"精品学校"转变的发展之路。我们在落实《"发展素质教育"的罗湖行动——深圳市罗湖区深化教育领域综合改革实施方案》的同时,还基于本校的办学理念和学生核心素养的培养,积极统整国家课程和校本课程,优化学校课程体系,认真设计我校"小浪花课程图谱",努力推进学习方式深度变革,以为每个孩子提供合适的课程促进其全面且个性的发展为目标,不断探索、创新、实验与调整,最终构建出一个基础课程、拓展课程和特色课程协同发展的"小浪花课程"体系。

　　众所周知,课程建设并非易事,本书作为我校参与深圳市罗湖区教育科学研究"课堂革命"规划项目——《课程校本化的研究与实践》的重要成果,它是积力之所举,众智之所为。感谢上海市教育科学研究院杨四耕老师在我们为课题研究感到无助与困惑时为我们指点迷津,帮助我们拨开云雾见青天;感谢市、区的众多领导与专家对本课题研究的大力支持与帮助;感谢我校所有的教师和学生,你们是本书的活水源头;感谢华东师范大学出版社刘佳老师为本书出版提供了宝贵有益的建议;感谢我们敬爱的、刚刚退下教育战线的邱兆平校长,是您在我们想要放弃时给我们鼓励与支持,您那句"但行好事,莫问前程"依旧驻留在我们心中!

　　《学校课程发展的实践范式》共十章节,当中每一个字,每一个标点符号都凝聚了我校课程建设领导小组骨干教师们的汗水与智慧。特别感谢以下编写者：第一章的廖军辉、方绮梅、高珊、骆景环；第二章的刘振雄、邓育周、苏新杰、柯菲；第三章的杨伟如、刘乐、吴晓淳、罗敏；第四章的龚斯惠、庄丽情、赖慧雯；第五章的季冬梅、姚春梅、周怡锐、钟绮玲；第六章的唐振宇、胡顺宇；第七章的田广浩、谢伟锋、许亮；第八章的彭碧怡；第九章的陈洁、谢福林、吴洁华、彭颖莹；第十章的余皓洁、邓小冬、余庆超、周梦星、杨明月、王贤华、李婉莹、陈绸、李灵、曹丽芬。全书由吴晓旭审阅定稿。

展望前路，我们深知发展素质教育的任务还很艰巨，学校课程建设的道路还很漫长，但很庆幸还有宛如星光般的初心以及奔走在教育战线的伙伴。我们期望，"小浪花"能在"教改"的浪潮中不断积聚，慢慢流淌，流进儿童的心灵，滋养童心与童梦。

深圳市水库小学课程发展中心

2020 年 3 月

教学诠释学 978 - 7 - 5760 - 0394 - 9 42.00 2020 年 9 月

原点教学:提升区域育人质量的策略研究

978 - 7 - 5760 - 0212 - 6 56.00 2020 年 8 月

聚焦学科核心素养的课堂教学 978 - 7 - 5675 - 8455 - 6 36.00 2018 年 11 月

指向学科核心素养的课堂教学范式

978 - 7 - 5675 - 8671 - 0 54.00 2019 年 6 月

学校课程发展丛书

数学学科课程群 978 - 7 - 5675 - 9445 - 6 58.00 2019 年 8 月

科学学科课程群 978 - 7 - 5675 - 9593 - 4 34.00 2019 年 9 月

核心素养与课程设计 978 - 7 - 5675 - 9462 - 3 46.00 2019 年 9 月

语文学科课程群 978 - 7 - 5675 - 9441 - 8 56.00 2019 年 9 月

品牌培育与学校课程 978 - 7 - 5675 - 9372 - 5 39.00 2019 年 9 月

英语学科课程群 978 - 7 - 5675 - 9575 - 0 39.00 2019 年 10 月

体艺学科课程群 978 - 7 - 5675 - 9594 - 1 34.00 2019 年 10 月

跨学科课程的 20 个创意设计 978 - 7 - 5675 - 9576 - 7 34.00 2019 年 10 月

学校课程与文化变革 978 - 7 - 5675 - 9343 - 5 52.00 2019 年 10 月

品质课程实验研究丛书

学校课程框架的建构:HOME 课程的旨趣与架构

978 - 7 - 5675 - 9167 - 7 36.00 2019 年 9 月

聚焦育人目标的课程设计:红棉花季课程的愿景与追求

978 - 7 - 5675 - 9233 - 9 39.00 2019 年 10 月

核心素养导向的课程设计:花园式课程的文化与聚焦

978 - 7 - 5675 - 9037 - 3 48.00 2019 年 10 月

学校课程文化的实践脉络:百步梯课程的逻辑与架构

　　　　　　　　　　　　978 - 7 - 5675 - 9140 - 0　　48.00　　2019 年 11 月

学校课程发展策略:SMILE 课程的逻辑与深度

　　　　　　　　　　　　978 - 7 - 5675 - 9302 - 2　　46.00　　2019 年 12 月

聚焦内涵发展的课程探究:芳香式课程的理念与实施

　　　　　　　　　　　　978 - 7 - 5675 - 9509 - 5　　48.00　　2020 年 1 月

以儿童为中心的课程:欢乐谷课程的旨趣与维度

　　　　　　　　　　　　978 - 7 - 5675 - 9489 - 0　　45.00　　2020 年 1 月

学校课程体系的建构:"小螺号课程"的架构与创生

　　　　　　　　　　　　978 - 7 - 5760 - 0445 - 8　　45.00　　2020 年 9 月

特色学校聚焦丛书

每一个孩子都是一棵树　　　　978 - 7 - 5675 - 6978 - 2　　28.00　　2018 年 1 月

教育不是一个人的事:"众教育"36 条

　　　　　　　　　　　　978 - 7 - 5675 - 7649 - 0　　32.00　　2018 年 8 月

不一样的生命,一样的精彩　　978 - 7 - 5675 - 8675 - 8　　34.00　　2019 年 3 月

童味正醇:特色学校的文化图谱　978 - 7 - 5675 - 8944 - 5　　39.00　　2019 年 8 月

特色普通高中课程建设探索　　978 - 7 - 5675 - 9574 - 3　　34.00　　2019 年 10 月

儿童是天生的探索者:360°科学启蒙教育

　　　　　　　　　　　　978 - 7 - 5675 - 9273 - 5　　36.00　　2020 年 2 月

做精神灿烂的教师:教师自我成长的 5 个密码

　　　　　　　　　　　　978 - 7 - 5760 - 0367 - 3　　34.00　　2020 年 7 月

让教育温暖而芬芳　　　　　978 - 7 - 5760 - 0537 - 0　　36.00　　2020 年 9 月

跨学科课程丛书

大情境课程：主题设计与创意评价

　　　　　　　　　　　978 - 7 - 5760 - 0210 - 2　　44.00　　2020 年 5 月

社会参与素养的培育模型与干预机制

　　　　　　　　　　　978 - 7 - 5760 - 0211 - 9　　36.00　　2020 年 5 月

大概念课程：幼儿园特色主题活动设计

　　　　　　　　　　　978 - 7 - 5760 - 0656 - 8　　52.00　　2020 年 8 月

核心素养导向的课堂教学丛书

漾着诗性智慧的课堂教学　　978 - 7 - 5675 - 9308 - 4　　39.00　　2019 年 7 月

转识成智的课堂教学：核心素养导向的历史教学

　　　　　　　　　　　978 - 7 - 5760 - 0164 - 8　　40.00　　2020 年 5 月

学导式教学：学会学习的教学范式

　　　　　　　　　　　978 - 7 - 5760 - 0278 - 2　　42.00　　2020 年 7 月

特色课程建设丛书

教师，生长的课程　　　　978 - 7 - 5760 - 0609 - 4　　34.00　　2020 年 12 月

学校课程发展的实践范式　978 - 7 - 5760 - 0717 - 6　　46.00　　2020 年 12 月